Valérie Terrier Robert

Ma France

Die besten Rezepte der französischen Landküche

Valérie Terrier Robert

Ma France

Die besten Rezepte der französischen Landküche

Der Appetit kommt beim Essen – so heißt es. Die regionale Küche war und ist häufig ein Spiegel der Lebensbedingungen einer bestimmten Gegend oder einer bestimmten Epoche. Manchmal ist dies dem Talent eines einzelnen Menschen zu verdanken, dann wieder haben sich regionale Rezepte allgemein durchgesetzt, weil sich Könige oder bedeutende Persönlichkeiten früherer Zeiten dafür begeisterten. Meist jedoch handelt es sich um eine allmähliche Entwicklung beliebter Kochrezepte unter den Gegebenheiten der Natur und der Notwendigkeit, das Verfügbare zu nutzen. Jede Spezialität enthält also zwischen den Zeilen ihres Rezepts auch eine Geschichte – oder eine Legende!

Die Rezepte aus allen Ecken Frankreichs sind fest in ihren jeweiligen Regionen verankert und entstammen Familiengeheimnissen, die sich aus den Zufällen ihrer Entstehung, aus örtlichen Gebräuchen oder auch streng gehüteten Zubereitungsverfahren ergeben haben. *Ma France* präsentiert das Ergebnis des genüsslichen Stöberns bei Begegnungen mit Produzenten, Köchen und Menschen, die sich ihren Rezepten und ihrer Region mit Begeisterung widmen. Im Lichte einer sorgfältig bewahrten oder glanzvoll neu erfundenen Tradition skizziert dieses Buch, ergänzt um nostalgische Aufnahmen und überliefertes Wissen, ein Porträt Frankreichs mit seinen vielfältigen kulinarischen Bräuchen, die jedoch alle eines gemeinsam haben: den Genuss.

Und nun viel Freude beim Lesen und guten Appetit!

Valérie Terrier Robert

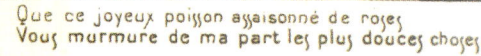

Que ce joyeux poisson assaisonné de roses
Vous murmure de ma part les plus douces choses.

LA PRÉPARATION DES SARDINES.

Inhalt

VORSPEISEN

* Flamiche au maroilles/Maroilles-Tarte (Nord-Pas-de-Calais) . . . 24
* Caillettes/Gehackte Schweineleber (Rhône-Alpes) 26
* Quiche lorraine (Lothringen) 36
* Pieds de cochon à la Sainte-Ménehould/
  Schweinefüße St. Ménehould (Champagne-Ardennen) 44
* Les bouchées à la reine/Königinpastete (Lothringen) 86
* Flammeküeche/Flammkuchen (Elsass) 100
* Le papeton d'aubergines/Auberginenkrone
  (Provence-Alpes-Côte d'Azur) 104
* La poutargue/Spaghetti à la poutargue
  (Provence-Alpes-Côte d'Azur) 108
* La soupe au Laguiole/Suppe mit Laguiole-Käse (Midi-Pyrénées) . . 114
* Les oeufs en meurette/Verlorene Eier mit Weinsauce (Burgund) . . 134
* Gratinée lyonnaise/Zwiebelsuppe (Rhône-Alpes) 160
* Jambon persillé/Schinkensülze (Burgund) 172
* Pissaladière/Zwiebelkuchen (Provence-Alpes-Côte d'Azur) 180

HAUPTSPEISEN & BEILAGEN

* Garbure des Hautes-Pyrénées/Kohlsuppe (Midi-Pyrénées) 12
* Cervelle de canut/„Hirn" der Lyoner Seidenweber (Rhône-Alpes) . . 16
* Tourte au brie/Brie-Torte (Île-de-France) 18
* Potage de gaudes/Gerösteter Maisbrei (Franche-Comté) 28
* Tablier de sapeur/Gebratene Kutteln (Rhône-Alpes) 34
* Caneton à la rouennaise/Ente auf Rouener Art (Normandie) 38
* Quenelle sauce Nantua/Hechtklößchen an Sauce Nantua
  (Rhône-Alpes) 40
* Cotriade/Bretonischer Fischsuppentopf (Bretagne) 48
* Volaille de Bresse à la crème/Bresse-Geflügel in Rahm
  (Rhône-Alpes) 50
* Gigot d'agneau de pré-salé/Keule vom Salzlamm (Normandie) . . . 52
* Axoa/Baskische Fleischpfanne (Aquitanien) 56
* Les tripes à la mode de Caen/Kutteln nach Art von Caen
  (Normandie) 58
* Pommes de terre à la sarladaise/Bratkartoffeln mit Gänseschmalz
  (Midi-Pyrénées) 60
* Aligot/Kartoffelpüree mit Käse (Midi-Pyrénées) 70
* Bouillabaisse/Fischsuppe (Provence-Alpes-Côte d'Azur) 74
* Le homard à l'armoricaine/Bretonischer Hummer (Bretagne) 82
* La volaille au vin jaune et aux morilles/Geflügel mit
  Jura-Wein und Morcheln (Franche-Comté) 90
* Les huîtres et crépinettes/Austern und Crépinettes (Aquitanien) . 98
* Les joues de morue au beurre fondu/Kabeljaubäckchen mit
  zerlassener Butter (Nord-Pas-de-Calais) 102
* La poule au pot/Huhn im Topf (Aquitanien) 110
* Kig ha farz/Bretonischer Fleischtopf (Bretagne) 118
* Le gratin de cardons/Cardy-Gratin (Rhône-Alpes) 122
* La bohémienne/Gemüsetopf „Zigeunerin"
  (Provence-Alpes-Côte d'Azur) 126
* La quinquebine/Fisch-/Lauchtopf (Provence-Alpes-Côte d'Azur) . . 128
* Marmitako mit kleinen Tintenfischen (Aquitanien) 130
* Potjevleesch/Fleischtopf (Nord-Pas-de-Calais) 136

* Coq au vin (Burgund) 138
* Bullinade/Fischtopf (Languedoc-Roussillon) 140
* Baeckeoffe/Tajinoffe (Elsass) 142
* Pibales au piment d'Espelette/Glasaale mit Piment d'Espelette
  (Aquitanien) 146
* Potée auvergnate/Eintopf aus der Auvergne (Auvergne) 156
* Les sardines farcies/Gefüllte Sardinen (Korsika) 164
* Cassoulet/Bohneneintopf (Midi-Pyrénées) 168
* Pounti-Auflauf (Auvergne) 170
* L'agneau de Pâques/Osterlamm (Korsika) 176
* Choucroute/Sauerkraut (Elsass) 178

NACHSPEISEN

* Kouign amann/Butterkuchen (Bretagne) 10
* Tarte aux pralines/Tarte mit Zuckermandeln (Rhône-Alpes) . . . 20
* Teurgoule/Reisterrine (Normandie) 30
* La baba/Baba mit Tokajer (Lothringen) 64
* Cannelés de Bordeaux (Aquitanien) 66
* Kougelhopf/Gugelhupf mit Tagada-Erdbeeren (Elsass) 72
* Les crèmes brûlées à la chicorée/Crème brûlée mit Chicorée
  (Nord-Pas-de-Calais) 78
* Canistrelli (Korsika) 80
* Madeleines (Lothringen) 94
* Le gâteau roulé à la catalane/Katalanische Biskuitroulade
  (Languedoc-Roussillon) 148
* Pain d'épices/Gewürzbrot (Burgund) 152
* Fiadone/Käsekuchen (Korsika) 154
* Biscuit de Reims/Tiramisu aus rosa Himbeer-Biskuits
  (Champagne-Ardennen) 162

Valérie Terrier Robert

Ma France

Die besten Rezepte der französischen Landküche

REZEPTE

Kouign amann

Die Gemeinde Douarnenez rühmt sich eines speziellen Rezeptes für den Kouign amann, das sich von demjenigen, das im Rest der Bretagne bekannt ist, unterscheidet. So behaupten die Einheimischen voller Stolz: „Machen kann ihn jeder, gelingen wird er nur dem Könner!"

Diese Spezialität der regionalen bretonischen Gastronomie soll um 1860 in Douarnenez entstanden sein, das damals eine blühende Hafenstadt war, die vom Sardinenfang lebte.

Eines Tages drängte sich eine große Menschenmenge im Stadtzentrum rund um den Markt, sodass es in der Bäckerei an der Place de la Croix keinen einzigen Apfelkuchen, keinen süßen Fladen und keinen Reisbrei mehr gab … Alles restlos ausverkauft! Die Chefin soll den Bäcker daher gebeten haben, die Auslage schnellstens wieder zu füllen. Dieser improvisierte mit dem, was er vorrätig hatte – Brotteig, Butter und Zucker – und so entstanden die ersten Exemplare dieser Spezialität aus fermentiertem Teig, der durch Beigabe von Butter und Zucker in eine Backware verwandelt wird. Er wird mit Fingerspitzengefühl gefaltet wie ein Blätterteig und karamellisiert.

So verdanken wir wahrscheinlich Yves-René Scordia, einem 1828 in Ploaré geborenen Bäcker, Sohn italienischstämmiger Zwiebelhändler, den Kouign amann, dessen Name wörtlich „Butterkuchen" bedeutet oder im Dialekt von Douarnenez etwas, „was schön und angenehm anzuschauen ist".

Das Wissen wurde mündlich überliefert. Es gibt allerdings keine schriftliche Aufzeichnung, die das Datum der Entstehung oder das Originalrezept bestätigt. Die ersten Touristen und die Einwohner von Douarnenez, die in Großstädte übersiedelten, trugen dazu bei, dass die Galette so bekannt wurde. Jedoch tauchten erst in den 1960er Jahren die ersten touristischen Werbeschriften auf, in denen man die Spezialität anpries.

Butterkuchen

Rezept von Alain Le Berre, Präsident der handwerklichen Hersteller des Kouign amann in Douarnenez

ZUTATEN FÜR EINEN GROSSEN KOUIGN AMANN:
- 500 G MEHL TYP 550 · 350 ML WASSER · 10 G SALZ
- 10 G BACKHEFE · 155 G ZUCKER · 160 G LEICHT GESALZENE BUTTER · ½ TASSE MILCH

Aus Mehl, Salz und der in Wasser aufgelösten Hefe einen Brotteig herstellen, gut durchkneten und 10-15 Minuten ruhen lassen, sodass er etwas an Elastizität verliert. Diesen Teig in Stücke zu je 300 g aufteilen und den Zucker und die leicht gesalzene Butter wie folgt hinzufügen: Den Teig auf einer bemehlten Fläche ausrollen, die Butter flach drücken, auf den Teig legen und mit Zucker bestreuen. Den Teig von allen vier Ecken zur Mitte hin einschlagen und zu einer Kugel formen, anschließend mit einer „doppelten Tour" den Teig wie beim Blätterteig weiter bearbeiten: Die Kugel ausrollen, dreimal falten und diesen Vorgang zweimal wiederholen, dabei jeweils um eine Vierteldrehung (90 Grad) drehen.

Anschließend in eine Kuchenform mit 20-22 cm Durchmesser legen, mit einem Backpinsel die Oberfläche des Kuchens mit Milch bepinseln und mit einem Messer eine Raute in die Oberfläche ritzen. Im vorgeheizten Backofen bei 180 °C 35-40 Minuten backen. Der Kouign amann wird lauwarm gegessen.

DER KNIFF DABEI: DIE QUALITÄT DER BUTTER IST ÄUSSERST WICHTIG. JE BESSER UND FRISCHER SIE IST, DESTO BESSER WIRD AUCH DER KOUIGN AMANN.

Garbure des Hautes-Pyrénées

Die Garbure-Kohlsuppe ist ein Eintopfgericht aus Gemüse und Fleisch. Die Garbure entstammt der ländlichen Küche und ist eine der zahlreichen Variationen des Pot-au-feu. Ursprünglich war diese Suppe ein „Arme-Leute-Essen", für das man verwendete, was gerade da war, sei es im Garten oder im Pökelfass. Für den Geschmack gibt man einen Knochen vom Landschinken hinzu, an festlicheren Tagen fetteres Fleisch.

Anders als die Garbures der Regionen Gers oder Landes, enthält die Kohlsuppe der Hautes-Pyrénées weder Gänse- noch Enten-Konfit. In einem Landstrich, wo das berühmte schwarze Bigorre-Schwein gezüchtet wird, fügt man den Tarbes-Bohnen und dem Gemüse zur Anreicherung hier das Fleisch der örtlichen Schweine hinzu. Diese werden mit Almgras, Kastanien und Eicheln gefüttert und, wenn sie ordentlich Fett angesetzt haben, geschlachtet und gepökelt. Klassischerweise ließ man die Garbure viele Stunden in einem Kochtopf köcheln, der am Kesselhaken über dem Holzfeuer hing. Sie musste gehaltvoll sein, um die Menschen zu ernähren, die im harten Klima der Region von Feldbau und Viehzucht lebten. Daher stammt auch das Sprichwort: *„Wer eine Garbure isst, legt sich eine Rüstung zu."* Sie war das traditionelle Gericht für wichtige Tage des bäuerlichen Lebens, wie das mühselige Kastaniensammeln, die Schur oder das Brandmarken der Schafe.

Die Garbure steht alleine auf dem Speiseplan, denn man bietet sie in mehreren Etappen an. Als Vorspeise wird die Brühe gegessen, die über einige Scheiben altbackenes Brot gegossen wird. „Nachdem man ‚chabrot' gemacht, d. h. einige Tropfen Wein in den Teller gegeben hat, um ihn zu säubern, werden das Gemüse und das in Fett eingelegte Fleisch als Hauptgang serviert", erklärt Eric Abadie, der Wirt von *L'Etape du Berger* in La Mongie.

Kohlsuppe

Rezept von Eric Abadie, Züchter und Gastwirt in La Mongie

ZUTATEN FÜR 4 PERSONEN: 80 G TARBES-BOHNEN · 1 STECKRÜBE · 2 KAROTTEN · 5 KARTOFFELN · 1 KRÄUTER-STRÄUSSCHEN · SALZ UND PFEFFER · 1 KLEINES STÜCK LANDSCHINKENKNOCHEN ODER 1 ENDSTÜCK VOM ROHEN SCHINKEN · 4 SCHWEINSHAXEN · SCHWEINEFETT · ½ GRÜN-KOHL · 1 STANGE LAUCH · 1 ZWIEBEL, MIT GEWÜRZNELKEN GESPICKT · 3 KNOBLAUCHKNOLLEN · EINIGE THYMIAN-ZWEIGE · 5 KARTOFFELN ZUR FERTIGSTELLUNG

Zwei Tage zuvor das Schweinshaxen-Konfit zubereiten: Das Fleisch mit grobkörnigem Salz bedecken und über Nacht ruhen lassen. Am nächsten Morgen das Fleisch abspülen und, wenn das Salz abgewaschen ist, zusammen mit dem Schweinefett und einem Thymianzweig in einen Schmortopf legen. Die Haxen müssen von dem zerlassenen Fett voll-ständig bedeckt sein. Einen Deckel auflegen und den Topf bei sehr milder Hitze mindestens einen Tag auf dem Herd stehen lassen, dabei regelmäßig umrühren. Um den Gar-zustand zu überprüfen, das Fleisch mit einem Zahnstocher anstechen. Das Schweinshaxen-Konfit muss weich sein.

Am Vortag das Gemüse waschen, schälen und in grobe Stücke schneiden, anschließend zusammen mit den Tarbes-Bohnen, dem Kräutersträußchen, der Zwiebel, dem Knoblauch und dem Schinkenknochen in einen Kochtopf geben. Mit Wasser bedecken und zugedeckt bei milder Hitze 2-2 1/2 Stunden kochen lassen. Sparsam würzen, da der Schinken die Suppe bereits salzt. Wenn das Gemüse gar ist, dieses mindestens über Nacht in der Brühe marinieren lassen. Am nächsten Tag die Suppe „wiederbeleben". Sie wird hierzu eine gute Stunde bei schwacher Hitze geköchelt. 20 Minuten vor dem Servieren die fünf Kartoffeln (gewaschen, geschält und geviertelt) zugeben. Zum Servieren die Brühe in eine Suppenschüssel geben, das Gemüse separat und die Schweinshaxen in ihrem Schmortopf servieren.

DER KNIFF DABEI: JE LÄNGER DIE GARBURE KÖCHELT, DESTO BESSER SCHMECKT SIE. DAHER MUSS SIE MINDESTENS EINEN TAG IM VORAUS ZUBEREITET WERDEN. DIE KARTOFFELSTÜCKE, DIE DER SUPPE 20 MINUTEN VOR DEM SERVIEREN ZUGEFÜGT WERDEN, GEBEN IHR IHRE KONSISTENZ.

Cervelle de canut

Die „Canuts", die Seidenarbeiter Lyons, die diese bescheidene und sehr würzige Speise im 19. Jahrhundert häufig zu sich nahmen, haben der Spezialität, die noch immer in den typischen Wirtshäusern der Stadt, den „Bouchons", serviert wird, ihren Namen hinterlassen: Es ist eine Art Frischkäse, der mit Kräutern verschlagen wird, wie man dies auch in anderen kulinarischen Traditionen findet.

Jean-Paul Lacombe, der Inhaber des Restaurants Léon de Lyon, ergänzte das beliebte Rezept gerne mit Essig und Schnittlauch und servierte diesen „Frischkäse-Salat" spaßeshalber in Gipsschädeln. Wenn er die Cervelle de Canut auch nicht erfunden hat, die auch als „Claqueret" bezeichnet wird und an der man sich bereits lange vor seiner Zeit in der Hauptstadt Galliens labte, so kann man doch behaupten, dass er zu ihrer Berühmtheit beitrug.

Sein Kollege Paul Bocuse, der wütend auf die Lyoner Köchin Mère Léa war, die sich das Verdienst der Erfindung zugute hielt, machte einen Scherz aus dieser Angelegenheit. In der Nacht zum 1. April 1971 installierte er in der Rue Pléney, wo sich das Restaurant von Jean-Paul Lacombe befindet, Schilder und organisierte ihm zu Ehren unversehens eine gestellte Zeremonie. Die neuen Schilder verkündeten stolz: „Rue Léon de Lyon – Jean-Paul Lacombe – Erfinder der Cervelle de Canut – 12. Juni 1934". Dieser Scherz hat die Jahre überdauert, denn man kann noch heute das gut befestigte blaue Schild im Schaufenster der Brasserie sehen, wenn man durch die schmale Rue Pléney geht.

Mit folgenden blumigen und provozierenden Worten stellte Jean-Paul Lacombe, ganz in Guignols Art, das Rezept vor:

„Einen ‚männlichen', d. h. nicht zu weichen Quark nehmen, den man schlägt, als sei es die Ehefrau. Hat man ihn ordentlich fertig gemacht, wird er zum ‚Claqueret'. Nun gibt man Salz, Pfeffer, Chayote und Kräuter hinzu und spendet ihm etwas Knoblauch, um den Atem frisch zu halten. Sonntags gibt man außerdem Sahne, Weißwein, ein wenig Öl und einen Schuss Essig dazu. Dabei ist festzuhalten, dass es bei einem gelungenen ‚Claqueret' nichts zu bereuen gibt."

Aus: *Léon de Lyon, 100 ans de cuisine lyonnaise* von Jean-Paul Lacombe, 2004, Ed. Glénat

„Hirn"
der Lyoner Seidenweber

Rezept des Restaurants Lacombe in Lyon

ZUTATEN FÜR 10 PERSONEN: 250 G 40%IGER QUARK, GUT ABGETROPFT · 150 G FLÜSSIGE SAHNE · 25 G OLIVENÖL · 10 G WEINESSIG · 1 SCHALOTTE · ½ BUND KERBEL · ½ BUND SCHNITTLAUCH · ½ BUND GLATTE PETERSILIE · SALZ UND PFEFFER AUS DER MÜHLE

Den Quark unbedingt einen Tag abtropfen lassen.

Kräuter und Schalotte hacken und unter den Quark mischen. Olivenöl und Essig zufügen, salzen und pfeffern. Die flüssige Sahne mit dem Schneebesen leicht schlagen und vorsichtig unter den Käse heben. Im Kühlschrank aufbewahren und kühl servieren.

DER KNIFF DABEI: CERVELLE DE CANUT EHER MIT EINEM RÜHRSPATEL VERMISCHEN ALS MIT DEM SCHNEEBESEN SCHLAGEN, DA ER SEINE FESTE KONSISTENZ BEHALTEN SOLL.

ZUSÄTZLICHER TIPP: CERVELLE DE CANUT PASST GUT ZU WURSTWAREN UND KARTOFFELN.

Brie-Torte

ZUTATEN FÜR 4 PERSONEN: ¼ BRIE DE MEAUX · 1 ½ KG KARTOFFELN · 300 G MEHL · 2 EIGELB · 150 G BUTTER · 200 ML CRÈME DOUBLE · PFEFFER, SALZ UND MUSKAT

Einen geschmeidigen Mürbeteig herstellen, hierzu das Mehl und eine Prise Salz mit der weichen Butter verkneten, anschließend ein mit etwas Wasser verschlagenes Eigelb zufügen. Den Teig zu einer Kugel formen und kaltgestellt etwas ruhen lassen.

Die Kartoffeln schälen und waschen, sorgfältig abtrocknen und in dünne Scheiben schneiden. Mit Salz, Pfeffer und etwas Muskat würzen.

Eine Tarteform mit der Hälfte des Teiges auslegen, dann abwechselnd mit einer Schicht Kartoffelscheiben, klein geschnittenem Brie, Kartoffelscheiben und wieder Brie belegen.

Mit dem restlichen Teig bedecken und die Ränder gut zusammendrücken. In der Mitte den Teig etwas öffnen. Bei 180 °C mindestens eine Stunde backen. Nach dem Herausnehmen aus dem Backofen die mit dem restlichen Eigelb verquirlte Crème double in die Öffnung gießen.

GUT ZU WISSEN: REICHLICH BRIE VERWENDEN, VORZUGSWEISE EIN DICKES, NICHT ZU FLACHES STÜCK, DESSEN RINDE NICHT GLATT SEIN SOLLTE, DENN DIES IST HÄUFIG EIN ZEICHEN FÜR EINEN PASTEURISIERTEN KÄSE.

Tourte au brie

Dieser Käse zählt sicherlich zum Stolz der Île-de-France. Warum jedoch sagt man, dieser Weichkäse mit der Käseflora auf der Rinde sei der Käse der Könige?

Die Geschichte reicht ins 8. Jahrhundert in die Abtei Reuil-en-Brie im Département Seine-et-Marne zurück. Deren Mönche trugen viel dazu bei, den Brie bekanntzumachen, der sicher von den Bauern in der Umgebung hergestellt wurde. Jedenfalls kostete Karl der Große in dieser Abtei erstmals vom Brie de Meaux. Die Begebenheit ist in einer königlichen Verkostungsnotiz aus dem Jahr 774 vermerkt. Dem Kaiser schmeckte der Käse so köstlich, dass er sich damit regelmäßig in Aachen beliefern ließ.

Seither ist die Geschichte dieses Käses immer wieder mit der Geschichte Frankreichs verwoben. Er war so galant, dass er, als Karl, Herzog von Orléans, der nach der Niederlage von Azincourt im Gefängnis saß, diesen 1415 mit einigen Versen in Szene setzte:

> „Mein süßes Herz, ich schicke dir
> Sorgfältig ausgewählt von mir
> Den Brie de Meaux gar köstlich
> Der dir sagt, ich bin untröstlich,
> Durch deine Abwesenheit ich so einsam bin,
> dass mein Appetit ist ganz dahin.
> Und darum schicke ich ihn dir."

1643 wurden den Gästen des prächtigen Banketts, das der Herzog von Enghien, auch als Le Grand Condé bekannt, anlässlich seines Sieges an der Spitze der Armee der Picardie gegen die Spanier in der Schlacht bei Rocroi veranstaltete, große Räder Brie angeboten.

Einige Zeit später schätzte Ludwig XIV. den Brie so sehr, dass er ihn täglich auf seinem Käseteller wünschte, wodurch wöchentlich 50 Wagen nach Meaux fahren mussten, um den königlichen Tisch zu versorgen. Daher sagt man auch, dass es sich bei dem Käse, den der Rabe in der Fabel von Jean de La Fontaine im Schnabel trägt und dem Fuchs vor die Schnauze hält, um einen Brie handle!

Der Sonnenkönig war jedoch nicht der einzige, den der Brie um den Verstand brachte: Ludwig XVI. machte dieselbe Erfahrung bei seiner Flucht nach Varennes. Eine Anekdote berichtet, der König habe im Juni 1791 der Versuchung nicht widerstehen können, einen Umweg zu machen und in Claye-Souilly anzuhalten, um eine Portion Brie und ein Glas Rotwein zu genießen.

Während des Wiener Kongresses schließlich, auf dem von November 1814 bis Juni 1815 die diplomatischen Vertreter der europäischen Großmächte tagten, wurde der Brie vom französischen Diplomaten und illustren Feinschmecker Talleyrand vorgestellt, probiert, gewählt und zum „König aller Käse" des vereinten Europas ausgerufen!

Tarte aux pralines

Zu Beginn des 20. Jahrhunderts ließen sich die bedeutenden Lyoner Familien, die ihr Vermögen durch die Herstellung von Seide oder im Seidenhandel gemacht hatten, schöne Häuser für die Sommerfrische bauen: Die Monts d'Or auf den Höhen von Lyon boten den kompletten ländlichen Charme in Stadtnähe. Hierher kamen die Lyoner Bürger, um im Sommer ihren Urlaub zu verbringen.

In dieser Zeit, im Jahr 1905, lässt sich ein Konditormeister in Champagne-au-Mont-d'Or nieder, damals ein Weiler, der für seine Obstplantagen und zahlreichen Rosenhaine bekannt ist. Dieser überaus kreative Konditor hat die Idee, den Zuckermandeln („Pralines"), die er herstellt, die schillernde Farbe der dortigen Rosen zu geben, indem er sie mit rotem Zucker überzieht.

Mit dieser originellen Erfindung begeistert er die anspruchsvolle Kundschaft aus der Stadt, die an die schönen Konditoreien im Stadtzentrum gewöhnt ist und nun Geschmack an dieser Tarte aux pralines findet. Raffinierter als ein einfacher Kastenkuchen, jedoch gut zu transportieren und aufzubewahren, eignet sich diese rote Tarte gut für unterwegs und so kommt es, dass man sich auch in Lyon an diesem neuen Dessert ergötzt. Die Produktion der Tarte aux pralines, die von vielen Konditoreien und Restaurants übernommen wird, entwickelt sich bis zum Zweiten Weltkrieg weiter.

Perspective des Ponts sur la Saône

▶ Während der Besatzung wird die Produktion der „Pralines" aus Mangel an Rohstoffen gestoppt und der Kupferrührkessel für die Produktion verschwindet im Keller, wo er irgendwann vergessen wird. Jahre später entdecken Gaëlle und Richard Sève, die neuen Besitzer der Konditorei in Champagne-au-Mont-d'Or den Rührkessel. Sie beschließen, ihn zu restaurieren und wieder zum Leben zu erwecken.

Sie modernisieren das Rezept, das von den Nachkommen des Konditors überliefert wurde, der den Laden bei Kriegsbeginn geführt hatte, und beginnen wieder, Mandeln zu rösten, sie mit rotem Zucker, dem etwas Vanille zugesetzt ist, zu überziehen und knusprige Tartes herzustellen: Die „Pralines" werden einfach zerkleinert, mit derselben Menge Sahne vermengt und auf einen sehr feinen süßen Teig gestrichen, der reichlich Mandeln enthält.

Tarte mit Zuckermandeln

Rezept von Richard Sève, Maître-Chocolatier und Konditor in Lyon.

ZUTATEN FÜR DEN TEIG: 60 G BUTTER · 35 G PUDERZUCKER · 15 G MANDELN, GEMAHLEN · 100 G MEHL · 1 EI
FÜR DEN BELAG: 100 G FLÜSSIGE SAHNE · 100 G EXTRAFEINE ROSA PRALINES (ZUCKERMANDELN)

Am Vortag den süßen Teig zubereiten: Die Butter weich rühren, den Puderzucker, die gemahlenen Mandeln, 25 g Mehl, das Ei und schließlich das restliche Mehl einarbeiten. Möglichst rasch arbeiten und den Teig nicht zu lange rühren. Mit Frischhaltefolie abdecken und in den Kühlschrank stellen.
Am Tag selbst den Teig mit einem Nudelholz ausrollen und auf ein Backblech oder in eine Kuchenform legen. Im vorgeheizten Backofen bei 180 °C 18 Minuten blindbacken. Währenddessen die Pralines sehr fein zerkleinern. In einem Topf die Sahne aufkochen. Den Topf von der Kochplatte nehmen, die rosa Pralines mit dem Schneebesen in die Sahne rühren und schmelzen lassen. Diese Mischung auf den Tarteboden streichen. Einige Minuten backen, die Tarte aus dem Backofen nehmen, sobald die Sahne mit den Pralines zu sieden beginnt.

DER KNIFF DABEI: DAS ERFOLGSGEHEIMNIS LIEGT IM RICHTIGEN BACKEN DES TEIGES, DER NICHT WEICH SEIN DARF. DER TEIGBODEN MUSS AM ENDE DES BLINDBACKENS RICHTIG DURCHGEBACKEN SEIN, DENN SOBALD DER BELAG EINGEFÜLLT IST, BACKT DER TEIG NICHT MEHR.

Maroilles-Tarte

Rezept von Tante Françoise

ZUTATEN FÜR 2 FLAMICHES: 400 G MEHL · ½ WÜRFEL BACKHEFE · 200 G WEICHE BUTTER · 2 EIER · 2 PRISEN SALZ · 200 ML MILCH · 20 ML ERDNUSSÖL · 1 BAUERN-MAROILLES · OPTIONAL: 100 ML HALBFLÜSSIGE SAHNE

Für den Teig das Mehl mit der Hefe, der lauwarmen Milch, den beiden Eiern und der weichen Butter vermengen. Den Teig solange rühren, bis er eine Kugel bildet und sich vom Löffel löst. Zum Schluss das Öl zufügen, um den Teig etwas geschmeidiger zu machen. Den Teig in die gefetteten und mit Mehl bestäubten Formen legen und zugedeckt mit einem Geschirrtuch gehen lassen. Sobald sich sein Volumen verdoppelt hat, den Teig mit Käsestreifen belegen. Zum Schluss eventuell etwas Sahne darüber gießen. Bei 200 °C gut 30 Minuten backen.

ZUSÄTZLICHER TIPP: MIT DEN RESTEN DES MAROILLES KANN MAN „ROTIES" ZUBEREITEN: EINFACHE BROTSCHEIBEN, AUF DIE MAN DÜNNE KÄSESCHEIBEN LEGT UND DIE ANSCHLIESSEND IM BACKOFEN BEI 250 °C GEBACKEN WERDEN, BIS SIE AUFGEHEN UND GOLDGELB WERDEN. SIE WERDEN HEISS GEGESSEN.

Flamiche au maroilles

Die Gemeinde Maroilles in der Region Avesnois hat dem Käse mit der typischen rötlichen Rinde seinen Namen gegeben, der ursprünglich „Craquegnon" hieß.

In Maroilles gab es früher eine bedeutende, 652 gegründete Benediktinerabtei. Sie war reich und mächtig und übte in den benachbarten Marktflecken das Lehnsrecht aus. So weiß man, dass die Bauern ab dem 12. Jahrhundert den Äbten Abgaben in Form von „Craquegnons" bezahlen mussten. 1174 befreite die Charta von Favril die Bürger von diesem „Käse-Zehnt". 1354 erinnerte der Hof von Mons im Rahmen des Prozesses „vom Käse zur Kuh" offiziell an die bestehende Verpflichtung jedes Einwohners, der im Besitz von Kühen ist, „die gesamte Milch vom Tag des heiligen Johannes zu Käse zu verarbeiten, um diesen am Tag des heiligen Remigius der Abtei zu übergeben." Man rechnete damals also, wie heute, vom 24. Juni bis 1. Oktober drei bis vier Monate Reifezeit für den Pavé de Thiérache.

Während die Mönche der Abtei den Maroilles also offenbar nicht selbst herstellten, haben sie durch die Beziehungen, die sie mit den verschiedenen europäischen Höfen unterhielten, doch seine Bekanntheit und Verbreitung gefördert. So wurde der Maroilles im 16. Jahrhundert von Kaiser Karl V. und auch am Spanischen Königshof verzehrt.

Erst 1978 entstand in Maroilles das Fest der Flamiche und des Maroilles mit dem Ziel, die Tarte mit dem örtlichen Käse, die bis zu diesem Zeitpunkt nur in den Familien hergestellt wurde, bekannt zu machen. Bei den ersten Veranstaltungen bereiteten die Bewohner selbst die Flamiches zu, die am Festtag auf der Place Verte in Gasöfen aufgewärmt wurden, die man aus den Häusern heraustrug. Als Folge dieser Initiative nahm die Flamiche über die Grenzen der Herkunftsgemeinde hinaus rasch einen beachtlichen Aufschwung.

Caillettes

- Bereits 1873 erwähnt Auguste Boissier in seinem *Glossaire du patois de Die* das „Colietto", das er als „eine Speise mit Schweineleber, Schweinefleisch und Spinat" beschreibt.
- 1930 sind elf Lokalitäten in der Drôme und vier in der Ardèche verzeichnet, in denen die Spezialität Caillette zubereitet wird.
- Curnonsky und Croze, die Autoren von *Trésor gastronomique de France*, herausgegeben 1933, gestanden ihrerseits ihre Vorliebe für die Caillettes mit Trüffel aus Tricastin bei Pierrelatte.
- Einige Kilometer östlich von Valence ist seit 1967 in der Stadt Chabeuil (Département Drôme), die zur „Stadt der Caillette" ausgerufen wurde, die Bruderschaft der Caillette-Kenner, die Confrérie des Chevaliers du taste-caillette ansässig.

Die Caillettes, die man traditionell im Herbst zubereitete, wenn die Schweine geschlachtet wurden, sorgten dafür, dass die am leichtesten verderblichen Fleischstücke und die letzten Ernten aus dem Gemüsegarten vor der Frostperiode Verwendung fanden. Bei schwacher Hitze im Backofen gebacken, konnte man diese kleinen Pasteten mit Schweineleber, Schweinefleisch und Kräutern bis zu zwei Wochen kühl aufbewahren. Die Tradition verlangte, diese Speise zu teilen, indem man „das Schwein herumtrug", d. h. man brachte in aller Gastfreundlichkeit den Familienmitgliedern und Nachbarn einen Teller Blutwurst und Caillettes.

LA PETITE CUISINIÈRE

Gehackte Schweineleber

ZUTATEN FÜR 4-6 PERSONEN: 250 G MANGOLD · 250 G SPINAT · 250 G SCHWEINEFLEISCH · 250 G SPECK, GEWÜRFELT · 250 G SCHWEINELEBER · 250 G LUNGE · SCHWEINESCHMALZ · 1 ZWIEBEL · 2 EIER · 1 KNOBLAUCHZEHE · SALZ · PFEFFER · 1 SCHWEINENETZ

Die Mangold- und Spinatblätter blanchieren, abschrecken und sorgfältig abtropfen lassen. Mit einem Messer klein hacken. Außerdem sämtliche Fleischstücke und Innereien klein hacken. Die Zwiebel in dünne Scheiben schneiden und in Schweineschmalz goldgelb dünsten. Erst das Fleisch, dann das Blattgemüse zugeben. Mit Salz, Pfeffer und einem Hauch Knoblauch würzen. Die beiden verquirlten Eier untermischen. Kugeln von der Größe einer kleinen Orange formen, in ein Schweinenetz wickeln und nebeneinander in eine große Keramikform legen. Jede Caillette mit einem Speckstück garnieren. Die Form eine Stunde bei 160 °C im Backofen backen, sobald die Caillettes goldgelb sind, weitere 20 Minuten bei 140 °C backen.

Caillettes werden warm oder kalt gegessen, als Vorspeise oder kleine Mahlzeit.

ZUSÄTZLICHER TIPP: NOCH INTENSIVER WIRD DER GESCHMACK DER CAILLETTES, WENN MAN UNTER DIE MANGOLD-SPINAT-MISCHUNG WILDKRÄUTER MISCHT WIE BRENNNESSEL ODER SALBEI.

Gerösteter Maisbrei

Rezept der Moulin Caron, einer auf geröstetes Maismehl spezialisierten Mühle in Chaussin

ZUTATEN FÜR 4 PERSONEN: 200 G GAUDES (GERÖSTETES MAISMEHL) · 2 L WASSER · SALZ NACH WUNSCH · ETWAS MILCH UND SAHNE

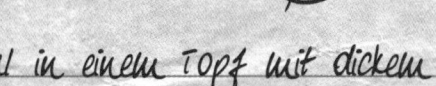

Das Maismehl in einem Topf mit dickem Boden oder in einem Fonduetopf in warmes, aber nicht kochendes Wasser einrühren. Bei starker Hitze zum Kochen bringen, dabei mit einem Schneebesen gut rühren. Leicht salzen und unter ständigem Rühren die warme Milch zufügen, damit der Brei cremiger wird. Bei mittlerer Hitze 30 Minuten oder bei schwacher Hitze 1 Stunde kochen lassen. Dieser Brei kann je nach Geschmack süß oder herzhaft serviert werden. Kurz vor dem Servieren wird gerne etwas Sahne zugefügt.

DER KNIFF DABEI: DAS GEHEIMNIS DER BESTEN GAUDES? MÖGLICHST LANGE UND BEI MÖGLICHST SCHWACHER HITZE KÖCHELN LASSEN!

Potage de gaudes

> Als „Gaudes" bezeichnet man Mais, der vor dem Mahlen geröstet wird, aber auch den Brei, der mit diesem Maismehl zubereitet wird.

Ohne das Brot zu ersetzen, das weiterhin das Grundnahrungsmittel blieb, galt der Mais, den Christoph Kolumbus im 15. Jahrhundert aus Amerika mitbrachte und der in der östlichen Mitte Frankreichs ab Anfang des 17. Jahrhunderts dokumentiert ist (Louhans 1625, Dole 1640), wegen seines Ertrags und seiner Fähigkeit, ausgehungerte Mägen augenblicklich zu sättigen, als eine Wunderpflanze. Der Chronik zufolge, die von der Vereinigung Les Alwati zusammengestellt wurde, erstreckte sich das Verbreitungsgebiet der „Gaudes" von der Haute-Marne über die Franche-Comté, die Côte-d'Or, Saône-et-Loire und l'Ain bis Lyon und Isère, also über ein Dutzend Départements.

In der Franche-Comté oder der Bresse waren „Gaudes" lange Zeit das tägliche Essen der Armen: Etwas Mais hatte man immer auf dem Feld, selbst wenn es die noch grünen und milchigen Ähren waren, die man nach dem Brotbacken im Backofen trocknete, um nichts zu verschwenden. Die Bauern, die ihren Mais selbst rösteten, bevor sie ihn zum Mahlen in die Mühle brachten, ließen die Körner gelegentlich schwarz werden, was den Geschmack etwas bitter machte. Dies handelte den „Gaudes" einen schlechten Ruf ein, der jedoch unberechtigt war.

Geröstetes Maismehl wird mit seiner goldgelben Farbe und seinem besonderen Aroma heute in der Lebensmittelindustrie als natürliche Verbesserung von Farbe, Aroma und Beschaffenheit sehr geschätzt.

Armes de Caen

CALVADOS

DUMONT D'URVILLE NÉ A CONDÉ-s-NOIREAU LE 23 MAI 1790
MORT SUR LA LIGNE DE VERSAILLES LE 8 MAI 1842

LAPLACE (MARQUIS DE) PIERRE, SIMON
NÉ A BEAUMONT LE 28 MARS 1749
MORT A PARIS LE 5 MARS 1827

AUBER, DANIEL FRANÇOIS ESPRIT, NÉ A CAEN
LE 29 JANVIER 1782, MORT A PARIS LE 13 MAI 1871

Teurgoule

Die Teurgoule, ein typisches Rezept aus dem Bessin, dürfte in einem durch Dürre oder erfrorene Saat verursachten Hungerjahr im 18. Jahrhundert entstanden sein.

In Ermangelung von Getreide setzte sich der Reis als gutes Sättigungsmittel für die arme Landbevölkerung durch, die keine Nahrungsmittel mehr zur Verfügung hatte. Allerdings konnten die Bauern in der Normandie diesem noch unbekannten Lebensmittel kaum etwas abgewinnen. Irgendwo auf dem Land in der Nähe von Bayeux kam daher jemand auf die Idee, dieses exotische Getreide wie ein Brot zu backen: Der Reis, der einfach mit Milch zusammengerührt wurde, die es in dieser Gegend der Normandie reichlich gab, wurde in den Backofen gestellt, um dessen Restwärme zu nutzen. Er garte sehr langsam und quoll, indem er die Milch aufsog. Die originale Teurgoule hatte jedoch nichts gemeinsam mit dem cremigen Dessert von heute: Damals musste sie eine komplette Mahlzeit ersetzen und besaß die feste und stärkende Konsistenz eines Puddings, anstelle von Zimt gaben ihr Lorbeerblätter Geschmack!

Die ersten Teurgoules wurden in Terrinen mit Ausgießer gebacken, die eigentlich dazu dienten, dass sich die Milch absetzen konnte, während der Rahm an die Oberfläche stieg: Solche Behältnisse zu zehn, 15 oder sogar 30 Litern gab es auf jedem Bauernhof. Erst später, im 19. Jahrhundert, kamen örtliche Töpfer auf die Idee, ein spezielles Gefäß für dieses Rezept herzustellen: Die Teurgoule-Schale hat die Form einer Salatschüssel mit einem kleineren Fassungsvermögen. *„Die Schale aus Noron-Steinzeug, einem roten Ton, der beim Brennen schokoladenbraun wird, verleiht der Teurgoule ihren authentischen Geschmack"*, wie Gilbert Turgis berichtet, der Vertreter der dritten Generation von Töpfern in Noron-la-Poterie.

Reisterrine

Rezept von Gilbert Turgis, Töpfer in Noron-la-Poterie

ZUTATEN FÜR 4 PERSONEN: 4 L VOLLMILCH
· 300 G RUNDKORNREIS · 200 G ZUCKER · 1 EL ZIMT
· 1 WALNUSSGROSSES STÜCK GESALZENE BUTTER
· 1 PRISE SALZ

Alle Zutaten miteinander vermischen. In das Tongefäß gießen, dabei das Butterstück zufügen. Bei sehr schwacher Hitze (80–100 °C) mindestens vier Stunden im Ofen backen. Oben bildet sich eine dunkle Kruste, der Reis soll die Konsistenz eines Puddings bekommen und weich bleiben. Diese Reisterrine wird warm oder kalt gegessen.

GUT ZU WISSEN: DIE TEURGOULE WIRD BEI SCHWACHER HITZE UND OHNE DECKEL GEBACKEN. DIE KRUSTE AUF DER OBERFLÄCHE BILDET SICH DURCH DEN RAHM, DER DURCH DAS ERWÄRMEN AUFQUILLT.

Gebratene Kutteln

Rezept von Madame Hugon, Bouchon Chez Hugon in Lyon

ZUTATEN FÜR 4 PERSONEN: 800 G PANSEN VOM RIND, VORGEKOCHT · 750 ML WEISSWEIN · 100 ML ESSIG · 2 EL SENF · 2 EIER · SALZ · PFEFFER · ÖL · ALTBACKENES BROT

Den Pansen in schöne quadratische Stücke schneiden. Aus Weißwein, Essig, Senf, Salz und Pfeffer eine Marinade herstellen. Die Pansenstücke in diese Mischung legen und 3 Stunden marinieren lassen.
Die Eier mit etwas Öl, Salz und Pfeffer verquirlen. Die Kutteln auf Küchenpapier gut abtropfen lassen, dann zuerst in die Eiermischung tauchen und anschließend in der Panade aus dem zerbröselten altbackenen Brot wälzen. Die Kutteln von jeder Seite 5-6 Minuten in Butter bei nicht zu starker Hitze braten, damit sie nicht anbrennen. Wenn die Panade auf beiden Seiten goldbraun ist, mit Sauce Gribiche (aus hartgekochten Eiern, Öl, Essig, Kapern, Pfeffergürkchen und Petersilie) und Dampfkartoffeln servieren.

DER KNIFF DABEI: KUTTELRESTE, DIE BEIM ZUSCHNEIDEN ÜBRIG BLEIBEN, MIT KLEINEN ZWIEBELN BRATEN.

Tablier de sapeur

„Der Schurz der Pioniere", ein typisches Innereiengericht der Lyoner Bouchons aus Rinderpansen, der zuerst mariniert und dann paniert wird, soll eine Kreation des Leibkochs des Maréchal de Castellane sein, der unter Napoleon III. von 1851 bis zu seinem Tod 1862 Kommandant von Lyon war.

Dieser Feinschmecker und Liebhaber von Innereien war zudem ein ehemaliger Pionier der Bodentruppe, deren Mitglieder einen Bart, einen weißen Schurz und eine Axt trugen. Der Zusammenhang zwischen dem übermäßigen Verlangen nach Innereien, dem Lederschurz, den die Sappeure zum Schutz ihrer Uniform während der Arbeit trugen und der rechteckigen Form der panierten Pansenstücke soll Anlass für den doch recht absonderlichen Namen gewesen sein, den der Marschall diesem neuen Rezept gab!

Maurice in der Küche des „Chez Maurice", heute „Le Garet", ein typisches Bouchon in Lyon (1. Arr.)

467 LYON. – L'Église Sainte-Bonaventure. – LL

Quiche lorraine

Sie ist zum Wahrzeichen der Lothringer Küche geworden. Das geht soweit, dass einige Verfechter behaupten, die Bezeichnung „Quiche" müsse diesem Rezept, das aus Mürbeteig und einem Belag aus verquirltem Ei und Sahne mit Speck besteht, vorbehalten bleiben und dürfe nicht „für alles herhalten".

Ursprünglich war die Quiche lorraine ein einfacher Brotteig, auf den ein „Allerlei" aus Eiern und Sahne kam, wobei man den Belag in wohlhabenderen Haushalten durch kleine Stücke Räucherspeck aufbesserte, eine weitere bekannte Spezialität dieser Region. Später wurde das Rezept durch die Verwendung von Blätter- oder Mürbeteig weiterentwickelt.

Erstmals erwähnt wurde die Quiche im 17. Jahrhundert in einem Märchenbuch, das 1605 in Lothringen erschien.

1845 fand der Begriff aus dem Lothringer Dialekt offiziell Eingang in die französische Sprache. Das französische Nachschlagewerk Bescherelle gab das Wort als männliches Substantiv für eine „Art Eiercreme" an. 1869 tauchte es in dem Wörterbuch Littré als weibliches Substantiv auf: „*Quiche (kische). s.f. Eine Art Eier- und Käsepudding, Speise und Name stammen aus Lothringen.*"

Quiche lorraine

ZUTATEN FÜR 1 QUICHE: 300 G MÜRBETEIG · 4 EIER · 300 G CRÈME FRAÎCHE · 250 G MAGERER RÄUCHERSPECK · 1 PRISE MUSKATNUSS · SALZ UND PFEFFER

Eine Form mit dem Mürbeteig auslegen, die gesamte Teigfläche mehrmals mit einer Gabel einstechen. Den in kleine Stücke geschnittenen Räucherspeck braten. Die Eier verschlagen, dann die Crème fraîche, Salz, Pfeffer und geriebene Muskatnuss zufügen. Die Speckstücke unterrühren und die Masse auf den Teig gießen. 25 Minuten bei 180 °C im Backofen backen und immer wieder kontrollieren: Der Belag soll nicht völlig fest sein. Die Quiche wird goldgelb und heiß serviert.

DER KNIFF DABEI: BEI VERWENDUNG DES TRADITIONELLEN BAUERNSPECKS NICHT VERGESSEN, DIESEN ZU ENTSALZEN. HIERFÜR VOR DER VERWENDUNG EINIGE MINUTEN IN KOCHENDES WASSER TAUCHEN.

Caneton à la rouennaise

Duclair gilt als Herkunftsort dieses typischen Gerichts aus dem Seine-Tal, für das die berühmte örtliche Jungente zubereitet wird, die aus der Kreuzung von Wildenten mit Zuchtenten hervorging. Anfang des 19. Jahrhunderts benötigten die Bauern vom linken Seineufer Kähne, um auf den Markt von Duclair zu gelangen, wo sie ihre Enten verkauften. Häufig geschah es, dass ein Teil des in enge Körbe gezwängten Geflügels am Ende der Reise erstickt war. Diese Enten wurden dann zu einem günstigeren Preis an die Wirtsleute in Duclair verkauft, die über solche Schnäppchen sehr erfreut waren.

Als Urheber des Rezepts gilt Henri Denise, der in den 1920er Jahren das Hotel de la Poste in Duclair leitete. Der Ordre des Canardiers, der 1986 gegründet wurde, um sich für den Erhalt dieser kulinarischen Tradition einzusetzen, bestätigt folgende Version: „*Es war also nötig, neben dem Gasthaus einen Hühnerhof zu halten, sodass man für den Fall einer unvorhergesehenen oder schnellen Mahlzeit frisches und zartes Geflügel zur Hand hatte. In einer halben Stunde war die Ente erstickt, gerupft und gebraten. Die (erstickte und daher nicht ausgeblutete) Ente wurde 20 Minuten am Spieß über einem Holzfeuer gebraten, bevor man sie den Gästen servierte. Geflügelstreifen wurden rosa serviert wie Beefsteak, Schenkel und Flügel mit Senf bestrichen und gegrillt. Dazu reichte man eine Sauce aus der Entenleber und Schalotten. Das war die Ente à la Denise.*"

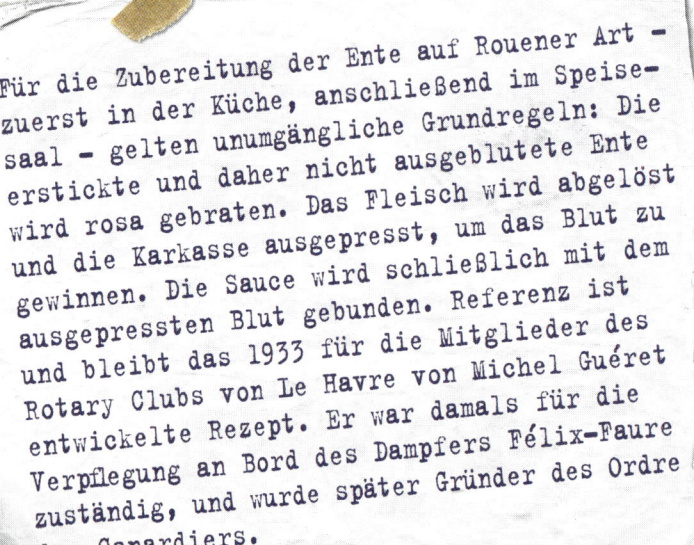

Für die Zubereitung der Ente auf Rouener Art – zuerst in der Küche, anschließend im Speisesaal – gelten unumgängliche Grundregeln: Die erstickte und daher nicht ausgeblutete Ente wird rosa gebraten. Das Fleisch wird abgelöst und die Karkasse ausgepresst, um das Blut zu gewinnen. Die Sauce wird schließlich mit dem ausgepressten Blut gebunden. Referenz ist und bleibt das 1933 für die Mitglieder des Rotary Clubs von Le Havre von Michel Guéret entwickelte Rezept. Er war damals für die Verpflegung an Bord des Dampfers Félix-Faure zuständig, und wurde später Gründer des Ordre des Canardiers.

Ente auf Rouener Art

Rezept von Michel Guéret, Gründer des Ordre des Canardiers

ZUTATEN FÜR 2 PERSONEN: 1 ROUENER ENTE (2 KG), ERSTICKT UND NICHT AUSGEBLUTET · 1 FLASCHE ROTWEIN AUS BEAUNE · 5 L KALBSFOND · ½ ZITRONE · 20 G BUTTER · 1 GLAS PORTWEIN · 1 GLAS COGNAC · QUATRE-ÉPICES (VIERGEWÜRZ) · THYMIAN · LORBEER · SALZ · PFEFFER AUS DER MÜHLE · 200 G SCHALOTTEN, GEHACKT

In der Küche: Für den Fond bordelais Schalotten und Thymian mit dem Rotwein bei schwacher Hitze stark reduzieren. Mit dem Kalbsfond aufgießen. Diese Bordelaise wird nun mit dem Viergewürz kräftig gewürzt und sollte von selbst andicken. 1 Stunde lang köcheln lassen und immer wieder klären. Sobald die Jungente ausgenommen ist, Leber und Herz klein hacken, die Stücke über einem Topf in ein konisches Saucensieb geben und mit der Bordelaise übergießen, so erhält man den Fond auf Rouener Art. Die Jungente auf einem Bratspieß 17-20 Minuten braten.

Im Speisesaal: In einem Schmortopf ein gutes Glas Cognac auf einem Kocher flambieren. Den Fond auf Rouener Art dazugießen und erhitzen, bis er beinahe kocht (90 °C), den Saft einer halben Zitrone und ein Glas Portwein zugeben und nach und nach unter Rühren mit dem Schneebesen 20 g Butter zugeben, um eine cremige Sauce zu erhalten.

Inzwischen die Entenfleischstreifen ablösen und auf einer gebutterten Platte mit den bei starker Hitze gegrillten Innereien (mit Senf bestrichen, paniert und gegrillt) anrichten. Die Karkasse aufheben, um das Blut herauszupressen, mit dem die Sauce auf dem Herd gebunden wird. Erhitzen, ohne zum Kochen zu bringen. Die Fleischstreifen mit der Sauce überziehen. Auf sehr heißen Tellern servieren.

GUT ZU WISSEN: DIE ENTE AUF ROUENER ART WIRD AUCH ALS „BLUTENTE" ODER „PRESSENTE" BEZEICHNET.

Quenelle sauce Nantua

In den 1830er Jahren tauchen die Hechtklößchen in Lyon auf. Dem Lyoner Autor Félix Benoit zufolge (*La Cuisine des traboules*, 1983), waren sie die Erfindung eines Konditors namens Charles Morateur. Um den Hecht zu verwerten, den es in der Saône im Übermaß gab, versuchte er, das Hechtfleisch vor dem Backen seinem Brandteig zuzusetzen.

Tatsächlich nehmen die Hechtklößchen einen sehr viel älteren Ursprung für sich in Anspruch, denn man findet ähnliche kulinarische Zubereitungen bereits in der Kochabhandlung von Apicius, einem der ersten Handbücher zur Kochkunst der Menschheitsgeschichte. Auch galten sie im 18. Jahrhundert am Königshof Ludwigs XV. als raffinierte Speise, die bei den „Grands Soupers" serviert wurde. Die damaligen Köche trugen dazu bei, aus dieser Verbindung einfacher Zutaten – Milch, Eier, Mehl, Fett – ein edles Produkt zu machen, indem sie es mit Geflügel, Fisch oder Wild füllten.

Im Bugey wurde der Brandteig mit Hechtfleisch gemischt – Hechte waren in den Seen von Nantua und Sylans überreich vorhanden – und mit der berühmten „Sauce Nantua" serviert. Sauce Nantua wird mit Krebsbutter zubereitet. Hierfür verwendet man den Edelkrebs Astacus astacus, dessen Scherenunterseiten rot sind, was der Sauce ihre Farbe gibt. Dieser Edelkrebs gehört zur Familie der Hummer, er misst bis zu 20 cm, sein Panzer ist braun, die Unterseite der Scheren ist rötlich. Früher trat er in den Flüssen und im See von Nantua zahlreich auf, er ernährte sich dort von den Fleischabfällen an den Fellen, die von den zahlreichen Gerbern in der Stadt dort eingeweicht wurden.

Hechtklößchen an Sauce Nantua

ZUTATEN FÜR DIE KLÖSSCHEN FÜR 8 PERSONEN: 500 G ROHES HECHTFILET · 200 ML MILCH · 130 G BUTTER · 125 G MEHL · 6 EIER · 10 G SALZ · 2 G PFEFFER
FÜR DIE SAUCE: 12 EDELKREBSE · 140 G BUTTER · 40 G MEHL · 500 ML MILCH · 200 ML DICKE CRÈME FRAÎCHE

Das Hechtfleisch klein hacken und in einem Sieb, das mit einem Geschirrtuch abgedeckt wird, kühl gestellt abtropfen lassen. 200 ml Milch aufkochen, darin 30 g Butter schmelzen, das Mehl zufügen, salzen und pfeffern. Mit einem Holzlöffel gründlich mischen, bis eine homogene Masse entstanden ist, die nicht mehr an den Topfwänden klebt. Zugedeckt ruhen lassen. Diesen Teig 2 Minuten rühren, das Hechtfleisch zufügen und erneut rühren. Die Eier aufschlagen, 100 g klein geschnittene Butter und den Teig zugeben und erneut gründlich verrühren. Einen halben Tag ruhen lassen.
Die Klößchen formen und 12 Minuten in leicht gesalzenem Wasser pochieren.

Für die Sauce die Krebse in kochendes Wasser werfen und 5 Minuten kochen. Das Krebsfleisch aus den Schalen lösen. Panzer und Kopf der Krebse im Mörser zerkleinern und zusammen mit 100 g Butter in einen Topf geben. Sobald die Butter zu schäumen beginnt, ein Glas Wasser zugeben. 2 Minuten kochen lassen, dann durch ein Geschirrtuch gießen, um die Flüssigkeit abzutrennen. Zum Festwerden in den Kühlschrank stellen: Butter schwimmt auf einer Flüssigkeit. 40 g Butter in einem Topf schmelzen lassen, unter Rühren 40 g Mehl zugeben und 2 Minuten weiterrühren, nun 500 ml Milch und die Flüssigkeit der Krebsbutter zugeben. Unter ständigem Rühren mit dem Schneebesen zum Kochen bringen, abschmecken, 100 ml dicke Crème fraîche zugeben und um ein Drittel einkochen lassen. Erneut 100 ml Crème fraîche zugeben, 2 Minuten kochen lassen, dann die Krebsbutter unter ständigem Rühren in kleinen Portionen zugeben.

Die Klößchen in eine ofenfeste Form setzen und mit der Sauce übergießen. 15 Minuten bei 200 °C im Backofen backen.

DER KNIFF DABEI: UM DIE KLÖSSCHEN ZU FORMEN, JEWEILS EINE HANDVOLL (CA. 120 G) VOM TEIG NEHMEN UND AUF EINER BEMEHLTEN FLÄCHE ROLLEN.

Les pieds de cochon à la Sainte-Ménehould

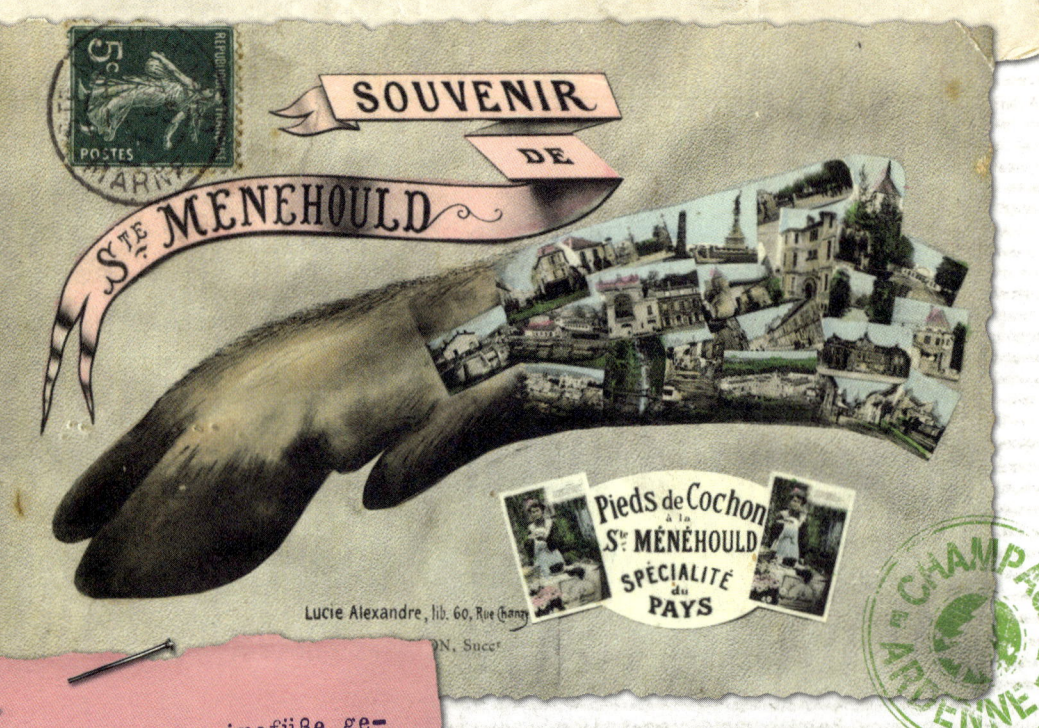

Diese Spezialität – Schweinefüße gekocht, paniert und gegrillt – ist für den Feinschmecker etwas Einmaliges und kann bis zum Knochen abgeknabbert werden! Dafür sorgt die sehr lange Garzeit, deren Geheimnis von einigen wenigen „Eingeweihten", Gastwirten oder lokalen Metzgern, bestens gehütet wird.

Der Legende nach soll ein schusseliger Küchenjunge die Ursache für dieses Rezept gewesen sein. Er soll vergessen haben, das Feuer unter dem Topf zu löschen und zwar „länger als eine lange Nacht". Am nächsten Morgen hätte er die Schweinsfüße weich und mit so zarten Knochen vorgefunden, dass man sie sogar essen konnte. Heute sind mehrere Versionen in Umlauf und man weiß nicht, ob der Schauplatz für diese Entdeckung tatsächlich das *Hotel de Metz* gewesen ist, im 19. Jahrhundert eines der größten Häuser in der Stadt Sainte-Ménehould, das sich rühmen konnte, so illustre Persönlichkeiten beherbergt zu haben wie König Louis-Philippe, Alexandre Dumas und Victor Hugo. Ebenfalls genannt wird die geheimnisvolle *Auberge du Soleil d'Or*, wo, wie es heißt, das Gefolge der königlichen Familie am 21. Juni 1791 auf der Flucht nach Varennes Halt gemacht hat.

Allerdings scheint die Erfindung des Rezepts noch vor der Eröffnung dieser beiden Häuser zu liegen. Es ist nicht auszuschließen, dass die Schweinezucht, eine bevorzugte landwirtschaftliche Tätigkeit in der Argonne, ganz einfach zu einigen kulinarischen Experimenten geführt hat. Auf jeden Fall verdankt Sainte-Ménehould die Bekanntheit seiner berühmten Schweinefüße dem Metzger Gaston Bazinet, der Anfang des 20. Jahrhunderts seinen Laden in der Rue de Chanzy Nr. 22 hatte. Auch wenn er nicht als einziger diese Spezialität anbot, so war er doch der erste, der kräftig Werbung dafür machte und prahlte „König der Schweinsfüße, altes und authentisches Familienrezept". Die wahre Geschichte wird zweifellos ebenso für immer ein Geheimnis bleiben wie das Rezept.

Galette mit Schweinefüßen

Rezept von Mathieu Fourreau, Le Cheval Rouge in Sainte-Ménehould

ZUTATEN FÜR 4 PERSONEN: 4 SCHWEINEFÜSSE NACH ART VON SAINTE-MÉNEHOULD · 4 LANGE UND GROSSE KARTOFFELN (SORTE CHARLOTTE, ÜBERWIEGEND FESTKOCHENDE FRÜHKARTOFFEL) · 1 ZWIEBEL · 1 KNOBLAUCHZEHE · 1 BUND PETERSILIE · 100 G BUTTER · 1 EL ERDNUSSÖL · SALZ UND PFEFFER

Die Schweinefüße entbeinen und grob zerkleinern. Die Zwiebel fein schneiden, Knoblauch und Petersilie hacken und beiseitestellen. Zwiebel und Knoblauch in einem Topf in Öl goldgelb dünsten. Die zerkleinerten Schweinefüße zugeben, gut umrühren und nach Belieben würzen. Die gehackte Petersilie zufügen und beiseitestellen.

Die Kartoffeln schälen und längs in dünne Scheiben schneiden. Leicht würzen. Einen Tortenring auf ein gefettetes Blech setzen. Boden und Rand des Rings mit Kartoffelscheiben rosettenartig auslegen. Mit den Schweinefüßen belegen, anschließend die Kartoffelscheiben umklappen, um die Galette zu schließen. Auf diese Weise so viele Galettes vorbereiten, wie Gäste erwartet werden. Die Galettes mit Butter bestreichen, bevor sie bei 180 °C im Backofen gebacken werden. Nach 5 Minuten wenden und auf der anderen Seite Farbe annehmen lassen, bis sie goldgelb und knusprig sind.

GUT ZU WISSEN: JEDER SCHWEINEFUSS WIRD PER HAND ABGERIEBEN UND GESÄUBERT, DANN IN DER MITTE ZERTEILT UND VOR DEM GAREN IN DER BRÜHE MIT BÄNDCHEN ZUSAMMENGEBUNDEN, DAMIT ER NICHT ZERFÄLLT.

46

Cotriade

Auf Schwarzweiß-Postkarten aus alten Zeiten sieht man gelegentlich dieses Bild: Seeleute in Matrosenblusen, die dicht gedrängt um einen dampfenden Kessel sitzen, der über einem Kohlebecken hängt. Von diesem Kessel (französisch: chaudron), auf Bretonisch „kaoter", stammt der Begriff „kaotriade" oder auf Französisch „Cotriade".

Die Cotriade wurde für die gesamte Mannschaft mit dem Teil der Fische zubereitet, der den Fischern zustand. Es handelte sich um ein kräftigendes Eintopfgericht, das mit den an Bord verfügbaren Mitteln gekocht wurde. Die Seeleute verwendeten einen Topf „gesalzenes Fett", dabei handelte es sich um Schweineschmalz, das mit Salz, Pfeffer und Zwiebeln zubereitet war. Dorthinein kamen verschiedene Fische – Seeaal, Lippfisch, Pollack, Makrele, Sardine – und Kartoffeln, anschließend wurde Meerwasser zugefügt und man ließ den Eintopf köcheln. Die Männer aßen zuerst den Fisch und die Kartoffeln, wozu es gelegentlich eine Vinaigrette gab, zum Schluss tranken sie die Bouillon.

Der bretonischen Legende nach besitzt jeder Hafen sein eigenes Rezept. Und tatsächlich lieferte in jeder Saison, bei jeder Rückkehr vom Fischfang jeder Matrose, der diesen Fischsuppentopf kochen sollte, eine weitere Interpretation desselben. Im Lauf der Zeit hat die Cotriade die Pinassen verlassen und erreichte die Küstenrestaurants. Dabei wurden gelegentlich sehr viel edlere Fische mitverarbeitet als die, die man früher den Fischern überließ, wie den Barsch oder auch Muscheln. Das folgende Rezept der Köchin Nathalie Beauvais aus Lorient enthält als Bereicherung das Aroma von Fischen, Miesmuscheln und Muscheln und wird mit Kari Gosse gewürzt.

Bretonischer Fischsuppentopf

Rezept von Nathalie Beauvais, Chefköchin im Jardin Gourmand in Lorient

ZUTATEN FÜR 6 PERSONEN: MINDESTENS 3 VERSCHIEDENE FISCHSORTEN (400 G BARSCHFILET, ABGESCHUPPT, 600 G SEETEUFEL, 400 G POLLACK) · 200 G ZUCHT-MIESMUSCHELN · 200 G MUSCHELN · 150 G GESALZENES SCHWEINEFETT (ODER LEICHT GESALZENE BUTTER) · 2 KG KARTOFFELN (SORTE CHARLOTTE) · 1 KG ZWIEBELN · 8 KNOBLAUCHZEHEN · 1 KRÄUTERSTRÄUSSCHEN · ½ BUND PETERSILIE · SALZ · PFEFFER · 1 TL KARI GOSSE
FÜR DEN FISCHFOND: 1 KG FISCHGRÄTEN · 100 G ZWIEBELN · 1 KRÄUTERSTRÄUSSCHEN · 100 ML WEISSWEIN · 20 ML OLIVENÖL · SALZ · PFEFFER

Die Gräten gründlich mit kaltem Wasser abspülen und abtropfen lassen. Die Zwiebeln in dünne Scheiben schneiden und 5 Minuten in Olivenöl anbraten. Die Gräten zufügen und gut mischen. Mit Weißwein ablöschen, 5 Minuten sieden lassen und mit so viel Wasser aufgießen, dass die Gräten bedeckt sind. Das Kräutersträuschen zufügen, salzen und pfeffern. Aufkochen und 30 Minuten halb zugedeckt sieden lassen. Den Fond passieren und beiseitestellen.

Das Barschfilet (mit Haut) und das Pollackfilet in jeweils 6 Teile teilen. Den Seeteufel häuten und längs in 6 Stücke schneiden. Kalt stellen. Die Miesmuscheln unter fließendem Wasser putzen. Die Muscheln in mehrmals erneuertem Wasser waschen und 30 Minuten in gut gesalzenem Wasser einweichen, um den Sand zu entfernen. Abtropfen lassen und kalt stellen. Die Kartoffeln schälen, waschen und in etwa 7 mm dicke Scheiben schneiden. Die Knoblauchzehen vorbereiten und die Zwiebeln in dünne Scheiben schneiden. Das gesalzene Fett in einem großen Schmortopf schmelzen lassen, um darin die Zwiebeln 15 Minuten kräftig anzubraten. Sie sollen leicht karamellisieren. Die Kartoffelscheiben und den Knoblauch zugeben. Gut vermischen und mit dem Fischfond aufgießen. Das Kräutersträußchen zugeben, pfeffern und mit Kari Gosse würzen. Zugedeckt 1 Stunde bei schwacher Hitze kochen lassen: Die Kartoffeln sollen weich sein.

Die Seeteufelstücke in einer Pfanne mit Antihaftbeschichtung auf einer Seite mit wenig Olivenöl anbraten. Würzen und im Schmortopf auf die Kartoffeln legen. Deckel aufsetzen und bei schwacher Hitze kochen lassen. Anschließend auch die Pollackstücke und die Barschstücke (auf der Hautseite) anbraten. In den Schmortopf geben, genauso wie die Muscheln und Miesmuscheln. 7–10 Minuten bei schwacher Hitze zugedeckt kochen lassen, bis die Muscheln gut aufgegangen sind. Die fein gehackte Petersilie darüberstreuen. Die Cotriade ist nun servierfertig!

<u>DER KNIFF DABEI:</u> FALLS KEIN KARI GOSSE ZUR VERFÜGUNG STEHT, EINEN HAUCH PIMENT VERWENDEN.

Bresse-Geflügel in Rahm

Rezept der Maison Blanc in Vonnas

ZUTATEN FÜR 4 PERSONEN: 1 BRESSE-HUHN, CA. 2 KG, IN STÜCKE GETEILT · 1 L CRÈME FRAÎCHE · 100 G BUTTER · 10 CHAMPIGNONS · 2 KNOBLAUCHZEHEN · 1 ZWIEBEL · 2 EL MEHL · 200 ML TROCKENER WEISSWEIN · SALZ · PFEFFER

Die Zwiebel schälen und vierteln. Von den Champignons den erdigen Stiel abschneiden und die Pilze putzen, anschließend vierteln. Die nicht geschälten Knoblauchzehen mit einer Messerklinge zerdrücken. Die Butter bei starker Hitze in einer Schmorpfanne erhitzen, die vom Unterschenkel getrennten Hähnchenoberschenkel in die Butter legen, salzen und pfeffern, die Hautseite goldgelb braten, Zwiebel, Pilze und Knoblauch zugeben. Mit Mehl bestäuben, dann den Bratensatz mit Weißwein ablöschen und reduzieren, dabei den karamellisierten Saft immer wieder vom Pfannenboden kratzen. Die Crème fraîche zufügen. 25–30 Minuten köcheln lassen. Beiseitestellen, die Fleischstücke herausnehmen, die Sauce durch ein Trichtersieb seihen, nachwürzen, aufkochen, gut mischen und beiseitestellen. Die Hühnerbrüste in eine gebutterte Form legen, salzen und pfeffern und 20 Minuten bei 180 °C im Backofen backen. Herausnehmen, die Filetstücke auslösen, in einen Topf geben und warm halten. Die Fleischstücke mit der Sauce anrichten.

DER KNIFF DABEI: ANSTELLE VON CRÊPES VONNASSIENNES (KARTOFFELCRÊPES) KANN MAN DAS BRESSE-HUHN IN RAHM AUCH SEHR GUT MIT PILAWREIS SERVIEREN.

Volaille de Bresse à la crème

☞ 1591 wurde in den Registern von Bourg-en-Bresse berichtet, die Einwohner von Bourg hätten dem Marquis de Treffort zwei Dutzend Hühner geschenkt. Dies war die erste Erwähnung von Bresse-Geflügel. 1825 lobte Brillat Savarin die Bresse-Poularde in seinem Werk *La Physiologie du goût* in höchsten Tönen als „Königin des Geflügels und Geflügel der Könige".

Die Geflügelwettbewerbe „Glorieuses", die jedes Jahr vor Weihnachten in den großen Städten der Bresse abgehalten werden – Bourg-en-Bresse, Louhans, Montrevel und Pont-de-Vaux –, schlugen eine neue Seite dieser Geschichte auf, indem sie dazu beitrugen, das Bresse-Geflügel bis in die Hauptstadt und weiter in ganz Europa bekannt zu machen. Der erste Wettbewerb fand 1862 in Bourg-en-Bresse statt. Bereits im ersten Jahr nahmen 116 Züchter daran teil und stellten 591 Tiere vor. Den schönsten Kapaun, der den Ehrenpreis erhielt, schenkte man Napoléon III.

An der Wende zum 20. Jahrhundert trug eine Köchin, die zusammen mit ihrem Mann in der Nähe des Marktplatzes ein Gasthaus führte, dazu bei, das Bresse-Geflügel noch bekannter zu machen. Élisa Gervais, die Frau von Adolphe Blanc, bekannt als „la Mère Blanc" oder laut Curnonsky 1933 „die beste Köchin der Welt", glänzte darin, die regionalen Produkte aufzuwerten. Die Gäste kamen von weit her, um ihr Bresse-Huhn in Rahm zu genießen, zu dem sie Crêpes vonnassiennes (Kartoffelcrêpes) servierte, die Édouard Herriot besonders schätzte.

Das Rezept von Elisa Blanc wird in *L'Ancienne Auberge* in Vonnas noch immer wie früher serviert, während auf der Karte des Drei-Sterne-Restaurants Georges Blanc eine verfeinerte Version mit Artischocke, einem Eierstich mit Geflügelleber und einer Sauce mit Champagner und Foie gras steht.

Gigot d'agneau de pré-salé

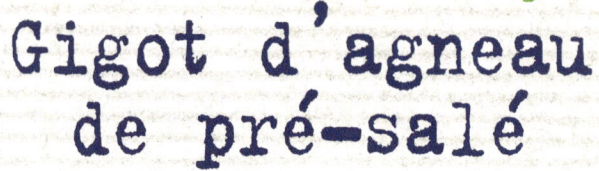

25 LE MONT-SAINT-MICHEL - Les Prés-Salés des Grèves

Auf den Küstenweiden des Ärmelkanals weiden die berühmten Salzlämmer (in Frankreich auch als „grévins" bezeichnet) in der Bucht des Mont Saint-Michel. Die Schafe, wegen ihres zarten und schmackhaften Fleisches sehr geschätzt, werden auf den „herbus" oder Salzweiden aufgezogen. Diese Landstriche sind bei Flut überschwemmt, sodass sie die Besonderheit aufweisen, von Gräsern bewachsen zu sein, die salzresistent sind, sogenannten Halophilen wie den Salzschwaden oder der Strand-Salzmelde.

„Diese wohlriechende, jod- und salzreiche Vegetation verleiht dem Salzlamm seinen typischen Geschmack. Das Fleisch ist von Natur aus schmackhaft und mager, denn die Herden sind gezwungen, sich viel zu bewegen, um in dieser Umgebung Futter zu finden", erklärt Michel Aubrée, Züchter in Le Val Saint-Père. „Seit drei Generationen haben wir an der Art der Aufzucht unserer Tiere nichts verändert: Die Mutterschafe nehmen ihre Jungen tagsüber mit auf die Weide und bringen sie abends wieder in den Stall zurück."

Die Geschichte der Tierzucht auf den Salzweiden, die auch mit der Geschichte des Mont Saint-Michel verbunden ist, reicht sehr viel weiter zurück: *„Die Mönche besaßen den Mont Saint-Michel und die Bucht. Wegen der Probleme, diese mit Gras bedeckten Flächen zu pflegen, hatten sie deren Nutzung an einige arme Bauern abgetreten, die die Wiesen mit ihren Schafen abweiden sollten"*, erklärt der Züchter. Diese Tradition besteht seit Jahrhunderten, denn bereits im 11. Jahrhundert übten die Mönche der Abtei das Recht der Schafabgabe aus, d. h. sie durften jedes Jahr aus jeder Herde der Umgebung ein Schaf auswählen.

Keule vom Salzlamm

Nach Art der Großmutter von Michel Aubrée

ZUTATEN FÜR 4 PERSONEN: 1 LAMMSCHULTER VON CA. 1,3 KG · 3 ZWIEBELN · 1-2 KNOBLAUCHZEHEN · 1 THYMIAN- ODER ROSMARINZWEIG · BUTTER · SALZ UND PFEFFER

Die Zwiebeln schälen und in Würfel schneiden. Den Knoblauch schälen und entkeimen, jede Hälfte in drei oder vier Stücke schneiden. Mit einem spitzen Messer die Oberseite der Lammschulter einschneiden und in jeden Schlitz ein Stück Knoblauch stecken. Das Fleisch anschließend mit der weichen Butter bestreichen, salzen und pfeffern. Die Zwiebeln unten in die Form legen und salzen. Die Lammschulter zusammen mit dem Thymian oder Rosmarin auf die Zwiebeln legen. Etwa 40 Minuten bei 230 °C im vorgeheizten Backofen garen. Wenn die Lammschulter gar ist, die Form aus dem Backofen nehmen und das Fleisch etwa 10 Minuten ruhen lassen, dabei mit Alufolie abdecken, damit es schön heiß bleibt. Inzwischen die Zwiebeln wieder in den Ofen schieben. Das Fleisch aufschneiden und mit den Zwiebeln servieren, zu denen der Fleischsaft hinzugefügt wurde, der sich beim Fleischschneiden gebildet hat.

DER KNIFF DABEI: DAS FLEISCH DES SALZLAMMS IST SO AROMATISCH, DASS DER FEINE GESCHMACK AM BESTEN BEWAHRT WIRD, WENN ES AUF DIE EINFACHSTE ART ZUBEREITET WIRD.

Axoa

Dieses baskische Ragout ist ein absolut typisches Gericht aus Espelette, wo es aus der Verbindung zweier örtlicher Spezialitäten entstanden ist: dem Kalb, für das es ganzjährig einen angesehenen Markt gab, und der berühmten Chilischote, die im 15. Jahrhundert unter der Bezeichnung „Jamaika-Pfeffer" von der Mannschaft Christoph Kolumbus' aus der Karibik mitgebracht wurde und traditionell auf Bauernhöfen angebaut und zum Trocknen an Schnüren in den Wind gehängt wird. Der Piment d'Espelette, der hier sehr schnell als Ersatz für den Pfeffer angenommen wurde, insbesondere zum Würzen und Haltbarmachen der örtlichen Fleisch- und Wurstwaren, besitzt seit dem Jahr 2000 ein AOC-Siegel.

In diesem Ort wurde jeden Mittwoch ein wichtiger Markt abgehalten, zu dem die Bauern aus dem Umland strömten. Gegen elf Uhr, sobald sie ihre Geschäfte getätigt hatten, setzten sich die Dorfbewohner zu Tisch, bevor sie den Rückweg antraten. An diesem Tag servierten alle Kneipen und Restaurants traditionell das Axoa: *„Meine Mutter verarbeitete gewöhnlich ein Kalb oder eineinhalb, um an den Markttagen die Nachfrage zu befriedigen"*, berichtet André Darraidou.

Er war als ehemaliger Bürgermeister des Dorfes und Wirt des Familienrestaurants *Euzkadi*, das heute sein Sohn Auxtin übernommen hat, bekannt und hat in den 1970er Jahren den guten Ruf dieses regionalen Gerichts gesichert, indem er es aus dem anonymen bäuerlichen Umfeld herausholte und den Touristen anbot.

Am beliebtesten ist die hier vorgestellte Version, die auch als „xuria" oder „weißes Axoa" bezeichnet wird. Man findet das Gericht mit Rindfleisch zubereitet auch rund um Saint-Pée-sur-Nivelle und Ascain, dort heißt es „rotes Axoa" oder „Gorria".

Baskische Fleischpfanne

Rezept von Edith und Vincent Darritchon, Piment-Produzenten in Espelette.

ZUTATEN FÜR 4 PERSONEN: 1 KG KALBSSCHULTER · 1 ZWIEBEL · 1 ROTE PAPRIKA · 8-10 MILDE PEPERONISCHOTEN (ODER 2-3 GRÜNE PAPRIKA), SEHR FEIN GESCHNITTEN · 1-2 KNOBLAUCHZEHEN · FLEUR DE SEL · 100 ML WEISSWEIN · 3 TL ROTER PIMENT D'ESPELETTE · OLIVENÖL

Zwiebel und Knoblauch schälen und in dünne Scheiben schneiden, die Paprika und Peperonischoten entkernen und anschließend in Scheibchen schneiden. Alles zusammen mit Olivenöl begießen und in die Pfanne geben. 10 Minuten braten und leicht reduzieren. Mit Fleur de sel salzen. Das Kalbfleisch in fingerdicke Würfel schneiden. Das Fleisch zum Gemüse geben und offen etwa 15 Minuten anbraten, damit das Fleisch Farbe annimmt. Anschließend den Weißwein zugießen und zugedeckt etwa 45 Minuten köcheln lassen, dabei regelmäßig umrühren, damit das Fleisch nicht am Pfannenboden anhaftet und darauf achten, dass immer etwas Flüssigkeit am Boden bleibt. Bei Bedarf etwas Wein nachgießen. 15 Minuten vor Ende der Garzeit mit dem Piment d'Espelette würzen. In den letzten 5 Minuten den Deckel abnehmen, um die Sauce zu reduzieren, die eine sirupartige Konsistenz annehmen soll.

DER KNIFF DABEI: NEHMEN SIE SICH UNBEDINGT DIE ZEIT, DAS FLEISCH MIT EINEM MESSER IN WÜRFEL ZU SCHNEIDEN, NICHT MIT EINEM HACKBEIL.

ZUSÄTZLICHER TIPP: UM DIESES GERICHT ZU BINDEN, KANN MAN KURZ VOR DEM SERVIEREN EINE MISCHUNG AUS ESSIG MIT EINEM EIGELB ZUGEBEN. DAZU ESSIG UND EIGELB MITEINANDER VERQUIRLEN UND RASCH IN DIE VOM HERD GEZOGENE PFANNE RÜHREN.

Les tripes à la mode de Caen

Der Legende nach soll ein Mönch der Abbaye-aux-Hommes namens Sidoine Benoît als erster Kutteln nach Art von Caen zubereitet haben: Demnach hat der Laienbruder Rinderpansen in Cidre aus der Region eingelegt, und sogar Wilhelm der Eroberer soll sich daran gütlich getan haben.

Fulbert Dumonteil, Schriftsteller und gastronomischer Chronist des 19. Jahrhunderts, erwähnt seinerseits in seinen Schriften eine gewisse Sidonie Benoît, der er in Caen in einem Haus begegnet sei, in dem man Kutteln „à la Benoît" kochte. Dabei ist festzustellen, dass es bereits 1832 ein Restaurant namens *Pharamond* gab, 46 rue de la Grande-Truanderie, im Quartier des Halles in Paris, dessen Spezialität die Tripes à la mode de Caen waren.

Auch wenn nicht genau zu beziffern ist, wann das Rezept auftauchte, so hat es wahrscheinlich Ende des 18. Jahrhunderts Gestalt angenommen. Sicher ist hingegen, dass es einen Teil der Bevölkerung von Caen, das bei Luftangriffen im Zweiten Weltkrieg größtenteils zerstört wurde, mit Essen versorgte: Nach den ersten Angriffen am 6. Juni 1944 brachten nämlich Rettungskräfte Rinder, die im Bombenhagel getötet worden waren, als Nahrung für die Flüchtlinge, die sich in der Abbaye-aux-Hommes gesammelt hatten. Jean Le Hir, Restaurantmeister und Gelegenheitsdichter, bald auch Gründer der Confrerie de la Tripière d'Or, kam auf die Idee, Kutteln daraus zuzubereiten. Die Wassertröge eines benachbarten Kavallerieregiments wurden als Kessel genutzt und man bereitete stolze 3000 Portionen zu.

"Oh! Lieber Dichter, ich schenk' dir ein Rezept von mir: Tripes à la mode
So kochst du nach bester Manier und allen Regeln der Kunst Rinderhaxen, Blättermagen, Netzmagen und Pansen für dieses Schlemmermahl.
Alles in Würfel geschnitten und in klarem Wasser gründlich gewaschen. Karotten, Zwiebeln in Scheiben, Lauch, Suppengrün, Gewürznelken, Sellerie.
Nun kommt alles in einen Tontopf, der mit frischer Butter gefettet ist, was das Aroma verbessert.
Unter diese Mischung roher Zutaten kommt ein Glas Calvados, alles maßvoll mit gutem Salz und reichlich mit gemahlenem Pfeffer würzen.
Zwölf Stunden in den Backofen eines benachbarten Bäckers schieben. Am Ende dieser Garzeit ist es wichtig, dass der cremige und goldbraune reduzierte, duftende und schmackhafte Saft diese urwüchsige Speise badet.
Du servierst dieses Wunderwerk auf sehr heißen Tellern. Voilà, hiermit hast du von deiner untertänigsten Dienerin das unvergleichliche Rezept für Tripes à la mode de Caen, das mir ein Verwandter überliefert hat.

Kutteln nach Art von Caen

Rezept von Sylvie Sabot, Preisträgerin des Concours de la Tripière d'Or 2010

ZUTATEN FÜR 6-8 PERSONEN: 2,5 KG RINDERPANSEN · 1 RINDERHAXE · 250 G ZWIEBELN, IN DÜNNE SCHEIBEN GESCHNITTEN · 250 G KAROTTEN, IN SCHEIBEN GESCHNITTEN · 1 KRÄUTERSTRÄUSSCHEN MIT THYMIAN, LORBEER, GEWÜRZNELKE, PETERSILIE UND LAUCH · 35 G SALZ UND 5 G PFEFFER

Die klein geschnittene Haxe in den Kochtopf geben. Den in Stücke geschnittenen Rinderpansen zugeben. Mit 250 ml klarem Wasser übergießen, Zwiebeln, Karotten und das Kräutersträußchen zufügen und würzen. Zuerst bei starker Hitze garen, sobald der Topfinhalt singt, die Temperatur herunterschalten und mindestens 5 Stunden bei sehr schwacher Hitze garen. Das Fleisch ist gar, wenn Sie es mit einer Gabel zerteilen können. Vor dem Servieren die Haxe entbeinen und gut mit den Kutteln mischen.

ZUSÄTZLICHER TIPP: ZU DEN KUTTELN NACH ART VON CAEN PASSEN GUT DAMPFKARTOFFELN ODER BRATKARTOFFELN UND EIN GLAS CIDRE.

GUT ZU WISSEN: FÜR DIE KUTTELN NACH ART VON CAEN VERWENDET MAN RINDERMAGEN, DER AUS VIER TEILEN BESTEHT: LABMAGEN, BLÄTTERMAGEN, NETZMAGEN UND PANSEN. UNBEDINGT EINE RINDERHAXE MITKOCHEN, DENN SIE GIBT DEM GERICHT SEINE SÜLZENARTIGE KONSISTENZ.

Pommes de terre à la sarladaise

Im Herzen des Périgord herrscht die Gans im Hühnerhof und in der Küche. Auf den Bauernhöfen in der Umgebung von Sarlat geht nichts von ihr verloren, wenn sie zur Herstellung der Foie gras geschlachtet wird!

Die Zubereitung eines Konfits, wofür das klein geschnittene Fleisch mehrere Stunden lang im eigenen Fett gekocht wurde, ermöglichte es den Bauern, die verschiedenen Gänseteile nach der Entnahme der Foie gras zu konservieren. Fleisch und Fett goss man anschließend in Steinguttöpfe, die zur Aufbewahrung einfach in den Keller gestellt wurden. So fand das Gänsefett bei diesem altüberlieferten Rezept Verwendung, das es, fragt man die Menschen vor Ort, schon immer gegeben zu haben scheint und das von einigen Müttern oder Großmüttern auf dem Holzofenherd oder sogar im Kaminfeuer zubereitet wurde. Heute ist es zur Freude der Feinschmecker noch immer die traditionelle Beilage zu Konfit.

Das Rezept der Kartoffeln à la sarladaise ist weit herumgekommen und hat im Lauf der Zeit Veränderungen erfahren. So haben es beispielsweise manche für angebracht gehalten, dieses bäuerliche Pfannengericht mit Trüffeln oder Steinpilzen zu veredeln. Der Chefkoch Gérard Gatinel aus dem Périgord fühlt sich den traditionellen Rezepten der Gegend sehr verbunden und ist ein Verfechter der ursprünglichen Version, die nur aus Kartoffeln, Knoblauch und Petersilie besteht. Andernfalls würden ja Waldkartoffeln daraus, wie er meint!

Bratkartoffeln mit Gänseschmalz

Rezept von Gérard Gatinel, Küchenchef des Restaurants La Rapière in Sarlat

ZUTATEN FÜR 4 PERSONEN: 1 KG KARTOFFELN (SORTE BINTJE ODER AGATA) · 1 BUND GLATTE PETERSILIE · 3 KNOBLAUCHZEHEN, FEIN GEHACKT · 1 TOPF GÄNSESCHMALZ

Die Kartoffeln schälen und in etwa 1-2 mm dünne Scheiben schneiden, wie für ein Gratin. Waschen und sorgfältig mit kaltem Wasser spülen, um sie von der Stärke zu befreien, dann gut abtropfen lassen.

In einer großen Pfanne mit dickem Boden, vorzugsweise aus Gusseisen, das Gänseschmalz erhitzen. Sobald es geschmolzen ist, soll eine mindestens 2 mm dicke Schicht den Pfannenboden bedecken. Eine Kartoffelscheibe in das Fett werfen. Wenn diese sofort brutzelt, ist das Fett heiß. Die Kartoffelscheiben in das Fett legen und 3-4 Minuten bei starker Hitze zugedeckt anbraten. Gründlich wenden, dann wieder zudecken und erneut bei starker Hitze 3-4 Minuten braten. Diesen Vorgang 2-3-mal wiederholen, dabei jeweils sorgfältig wenden, bis die Kartoffeln gut Farbe annehmen. Nun die Temperatur reduzieren und die Pfanne etwa 10 Minuten zugedeckt sanft schmoren lassen, dabei immer wieder wenden, ohne die Kartoffelscheiben zu zerteilen. Nach der Hälfte der Garzeit den gehackten Knoblauch zufügen. Die Kartoffeln sind fertig, wenn man sie mit einer Messerspitze leicht durchstoßen kann. Die Pfanne vom Herd nehmen, die gehackte Petersilie darüberstreuen und den Deckel wieder auflegen. Die Kartoffeln nun zugedeckt einige Minuten ruhen lassen, sodass sie noch etwas weicher werden und der Geschmack sich verstärkt, dann servieren.

DER KNIFF DABEI: DAMIT DIESES GERICHT, DAS KRÄFTIGE HITZE UND EINE GEWISSE GESCHICKLICHKEIT VERLANGT, GUT GELINGT, SOLLTEN KEINE ZU GROSSEN MENGEN AUF EINMAL ZUBEREITET WERDEN. IDEAL IST EINE MENGE FÜR 5-6 PERSONEN.

ZUSÄTZLICHER TIPP: DAMIT EIN KOMPLETTES UND FÜR DAS PÉRIGORD TYPISCHES ESSEN DARAUS WIRD, WERDEN DIE BRATKARTOFFELN À LA SARLADAISE GERNE MIT EINEM SALAT MIT NÜSSEN UND EINEM KONFIT SERVIERT.

Le baba

Er ist der Vorfahr des bekannten Rum-Baba. Sein Name leitet sich vom polnischen „babka" ab, was „alte Frau" bedeutet, und bezieht sich nach wie vor in bestimmten Regionen Polens auf einen traditionellen Hefekuchen mit Trockenfrüchten, eingelegten Früchten und Safran.

s wird erzählt, Stanislaus, König von Polen, Herzog von Lothringen und Barrois, habe die Konditoren seines Schlosses in Lunéville gebeten, ihm diese Leckerei seiner Kindheit zu backen. Da er bereits einen Großteil seiner Zähne verloren hatte, tränkte er den fertigen Kuchen mit Tokajer, um ihn zu genießen ohne kauen zu müssen. Dieser Nektar, ein illustrer ungarischer Likörwein, wurde ihm jedes Jahr von seinem Vorgänger auf dem Thron Lothringens, Franz III., geschickt, der 1745 zum römisch-deutschen Kaiser gewählt worden war.

tanislaus hat den Baba also nicht im 18. Jahrhundert erfunden, sondern vielmehr in Frankreich eingeführt und verbessert, indem er ihn im Tokajer einweichte. Der Baba wurde in der Folge an adligen Tischen übernommen und immer trocken serviert, zusammen mit einer kleinen Saucière, sodass jeder ihn nach Geschmack begießen konnte.

ie inzwischen klassische Begleitung mit Rum wiederum soll in der zweiten Hälfte des 19. Jahrhunderts eingeführt worden sein, als sich Konditoren darum bemühten, das Dessert populärer zu machen. Dem seltenen samtigen und teuren Wein zogen sie einen aromatisierten Sirup vor, der auf Rumbasis alkoholisiert wurde.

Baba mit Tokajer

Rezept von Yvain Rollot, Restaurantchef des A la Table du bon roi Stanislas in Nancy

ZUTATEN FÜR DEN TEIG, FÜR 8 PERSONEN: 250 G MEHL
· 10 G BACKHEFE · 120 G ZUCKER · 100 ML MILCH
· 3 EIER · 100 G ROSINEN · 1 PRISE SALZ
· 50 G BUTTER FÜR DIE FORM
FÜR DEN SIRUP: 2 FLASCHEN UNGARISCHER TOKAJER
· 200 G HAUSHALTSZUCKER · 200 G ROHRZUCKER
· 300 ML WASSER · SCHLAGSAHNE

Die Milch lauwarm erwärmen und 1 TL Zucker darin auflösen. Topf vom Herd ziehen, die Hefe einarbeiten und etwa 20 Minuten gehen lassen. In einer Schüssel das Mehl, den restlichen Zucker und eine Prise Salz mischen, in die Mitte eine Mulde drücken. Die Hefe und anschließend die Eier einarbeiten. Die Rosinen zufügen und weitere 5 Minuten rühren. Eine gebutterte Form zu einem Drittel mit Teig füllen. Zudecken und an einem lauwarmen Ort gehen lassen. Wenn der Teig bis zum Rand der Form gestiegen ist, im vorgeheizten Backofen bei 160 °C backen, einen großen Baba etwa 40 Minuten, kleine Einzel-Babas 15-20 Minuten. Die Oberseite soll schön goldgelb sein. Abkühlen lassen, aus der Form nehmen und nach Möglichkeit in einem luftdicht verschlossenen Behälter beiseitestellen.

Zubereitung des Sirups: Das Wasser aufkochen und den Zucker darin auflösen. Nun die beiden Flaschen Tokajer unterrühren. Den Sirup über den Baba gießen, kalt stellen. Mit schwach gesüßter, steif geschlagener Schlagsahne servieren.

DER KNIFF DABEI: DIE ZUTATEN KÖNNEN IN EINER KÜCHENMASCHINE GEMISCHT WERDEN.

ZUSÄTZLICHER TIPP: YVAIN ROLLOT REICHT ZU DIESEM DESSERT IN ERINNERUNG AN DAS POLNISCHE ORIGINALREZEPT SAFRAN-EIS.

Cannelés de Bordeaux

Die Geschichte der berühmten Cannelés bordelais bleibt geheimnisumwoben.

Diese Leckerei mit Vanille- und Rumaroma, Karamellkruste und typischer Form soll eine Erfindung der Schwestern aus dem Kloster von Annonciades gewesen sein, das im 16. Jahrhundert gegründet wurde. Sie soll außerdem mit der Geschichte des Weinbaus in der Region von Bordeaux zusammenhängen. Im 18. Jahrhundert kauften die zahlreichen Händler an den Uferstraßen Fassweine und verarbeiteten sie. Insbesondere ging es um die „Schönung", wobei enorme Mengen Eiweiß benötigt wurden, um den Wein zu klären. Bei diesem Verfahren wurde der Eischnee auf die Oberfläche der Fässer gelegt und fing, während er im Fass nach unten sank, alle Unreinheiten im Wein auf.

Die Eigelbe, die dadurch übrig blieben, wurden von den Nonnen verwendet, um Kuchen für Bedürftige zu backen. Allerdings gibt es keine Bestätigung dafür, dass die Schwestern bereits die berühmte zylindrische Backform mit Rillen verwendeten, die traditionell aus verzinntem Kupfer bestand, um das berühmte karamellisierte Aussehen zu erreichen. Ihre langen „Canelas" oder „Canelets" (Rillen) scheinen übrigens die Form von Stäbchen gehabt zu haben.

Andererseits gab es im 18. Jahrhundert in Bordeaux auch eine bedeutende Innung von „Canauliers" (Kuchenbäckern), die insbesondere Hostien und Kuchen herstellten, für die Mehl und Eier benötigt wurden.

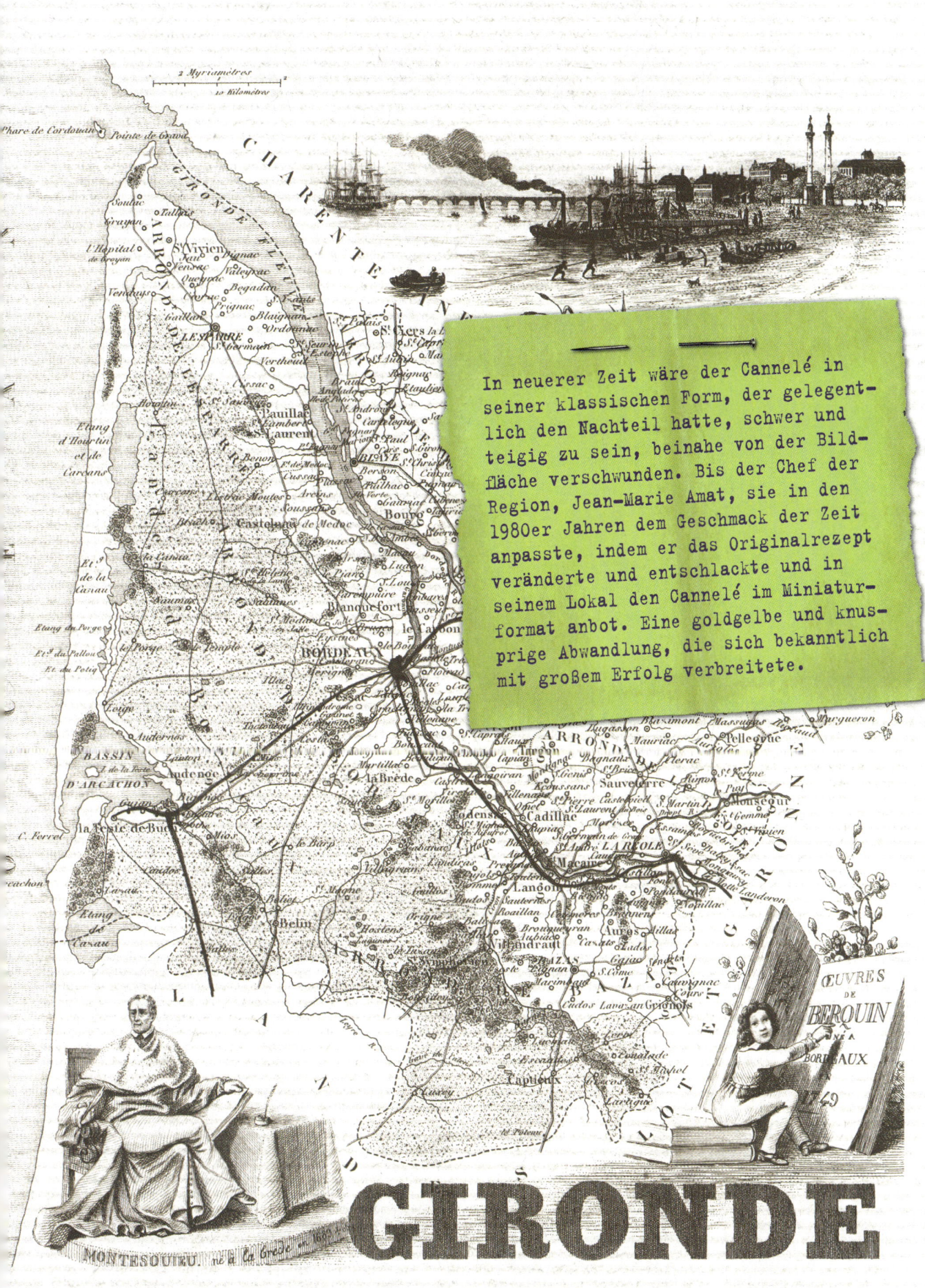

In neuerer Zeit wäre der Cannelé in seiner klassischen Form, der gelegentlich den Nachteil hatte, schwer und teigig zu sein, beinahe von der Bildfläche verschwunden. Bis der Chef der Region, Jean-Marie Amat, sie in den 1980er Jahren dem Geschmack der Zeit anpasste, indem er das Originalrezept veränderte und entschlackte und in seinem Lokal den Cannelé im Miniaturformat anbot. Eine goldgelbe und knusprige Abwandlung, die sich bekanntlich mit großem Erfolg verbreitete.

Cannelés de Bordeaux

Rezept von Jean-Pierre Hiradakis, Chefkoch des La Tupina in Bordeaux

ZUTATEN FÜR ETWA 24 STÜCKE: 1 L MILCH · 4 EIER
· 600 G ZUCKER · 200 G MEHL · 70 G BUTTER
· 2 VANILLESCHOTEN · 100 ML RUM

Zwei Drittel der Milch mit der Butter und der Vanille aufkochen. Die Eier mit dem Zucker schlagen. Dieser Mischung das Mehl zufügen. Den Rum unter die restliche Milch mischen. Schließlich alle Zutaten zusammenrühren.
Den Teig mindestens 24 Stunden ruhen lassen. In Cannelés-Formen 1 Stunde bei 180 °C backen, bis sie eine Karamellfarbe angenommen haben.

DER KNIFF DABEI: DIE CANNELÉS SOFORT NACH DEM BACKEN AUS DER FORM NEHMEN, SONST BLEIBEN SIE AN DER FORM HÄNGEN UND ZERBRECHEN.

Kartoffelpüree mit Käse

Rezept der Maison Bras in Laguiole

ZUTATEN FÜR 4-6 PERSONEN: 1 KG WEISSFLEISCHIGE KARTOFFELN (SORTE INSTITUT DE BEAUVAIS, EINE FRANZÖSISCHE, MEHLIG KOCHENDE SORTE) · 300-400 G TOMME (KÄSESORTE) · BUTTER · SAHNE UND KNOBLAUCH NACH BELIEBEN · SALZ UND PFEFFER

Kartoffelpüree nach Belieben herstellen. Butter und Sahne zufügen. Ein Teil der Butter kann auch durch das Fett von ausgebratenem Speck ersetzt werden. Salzen und pfeffern. Das fertige Püree in einem Topf erhitzen und den in dünne Scheiben geschnittenen Tomme zufügen. Mit einem Holzlöffel mischen, den Topf dabei noch auf der Herdplatte lassen. Der Käse schmilzt nach und nach und bindet das Püree. Sobald die Mischung homogen ist, abschmecken und eventuell einen Hauch gehackten Knoblauch zufügen. Das Aligot nicht länger kochen, da es sich sonst zersetzt. Heiß servieren.

DER KNIFF DABEI: DER IDEALE TOMME FÜR EIN CREMIGES UND FÄDEN ZIEHENDES ALIGOT BRAUCHT 2-4 TAGE REIFEZEIT. ZUR KONTROLLE DES REIFEGRADES EIN STÜCK TOMME MIT EINER GABEL AUFSPIESSEN UND 30-40 SEKUNDEN IN EINE FLAMME HALTEN. WENN DER KÄSE, SOBALD ER WARM IST, FÄDEN ZIEHT, OHNE ZU REISSEN, IST ER IDEAL.

Aligot

Die stärkende Suppe aus Brot, Käse und Bouillon, die man den Pilgern gab, die an die Tür der Domerie d'Aubrac klopften und um ein „Aliquid" baten, ist im Lauf der Jahrhunderte zu „Aliquot", dann auf Okzitanisch „Aligot" geworden.

Parallel zur Entwicklung seines Namens hat auch das Rezept Veränderungen erfahren. Die Kartoffel hat, wahrscheinlich im 19. Jahrhundert, das Brot ersetzt, um den schlechten Getreideernten Rechnung zu tragen.

Nach der Revolution, als die Mönche aus Aubrac vertrieben worden waren, hielten die landwirtschaftlichen Domänen der Abtei, als nationale Güter verkauft, die alten Traditionen weiter aufrecht. Die Käseproduktion nahm im 19. Jahrhundert im Interesse einer höheren Rentabilität sogar zu. Das reichhaltige Aligot, eine komplette Mahlzeit, wurde zum Festtagsessen der „buronniers" – der Kuhhirten-Käser –, später das Freitagsessen in der gesamten Region, bevor es heute als das gesellige Essen bei Dorffesten schlechthin gilt, in dessen Genuss aber auch die Besucher kommen, die den „Geist" des Klosters Aubrac entdecken möchten.

Denn einige Gastwirte sind zu leidenschaftlichen Botschaftern des Aligot geworden: *„Das Aligot ist ein Teil meiner gesamten Kindheit und gehört zu meinem Leben. Als typische Speise unserer Region ist es in gewisser Weise die Signatur einer Mahlzeit geworden, und wir bieten es in unserem Restaurant regelmäßig an"*, bestätigt Gastwirt Michel Bras. *„Sein Erfolg hängt von der Geschmeidigkeit des Pürees ab, vom Butteranteil, von der Qualität und dem Reifegrad des verwendeten Tomme – das ist alles. Zwar kann das Aligot auf verschiedene Arten zubereitet werden, es ist jedoch immer einfach zu bewerkstelligen. Man muss nur den richtigen Käse und die richtige Kartoffel wählen"*, fährt er fort. Soweit also die Tipps des Meisterkochs.

Kougelhopf

Der Name des berühmten Kuchens, der im Elsass traditionell an Festtagen auf den Tisch kommt, bedeutet „aufgegangene Kugel". Er ist Thema einer hübschen Geschichte, wonach das Rezept und die typische Form, in der er gebacken wird, einem Töpfer von den Heiligen Drei Königen persönlich anvertraut wurden als Dank für seine Gastfreundschaft.

Eines Abends klopften drei Fremde auf der Suche nach einer Unterkunft an die Tür eines armen Töpfers namens Kugel, der in der Nähe von Ribeauvillé lebte. Dieser nahm die drei Unbekannten in seiner bescheidenen Bleibe auf und gab sein Bestes, um sie zufriedenzustellen, ohne zu ahnen, dass er es mit den Heiligen Drei Königen zu tun hatte. Um dem Töpfer für seine Großzügigkeit zu danken, liehen sie sich seine Töpferscheibe, um eine Kuchenform aus glasiertem Ton anzufertigen, deren Form Vertiefungen aufwies, die an den Hohneck in den Vogesen erinnerten.

Als es an die Zubereitung des Kuchens ging, ließen die Gäste den Hefeteig gehen, bevor sie ihn in den Backofen stellten, wo die leckeren Düfte des warmen Hefekuchens und der Form sich bald vermischten. Schließlich bestreuten sie die Vertiefungen an den Seiten mit Puderzucker, um dem Kuchen Ähnlichkeit mit dem verschneiten Hohneck zu geben. Der Kougelhopf war geboren!

Neben dem Trockenobst, das in der Originalversion in einen Kougelhopf gehört, sind heute zahlreiche herzhafte und süße Abwandlungen erlaubt, wie diese köstlich nostalgische Version der Bäckerei-Konditorei Kouglof der Brüder Nasti in Kaysersberg.

Gugelhupf mit Tagada-Erdbeeren

Rezept von Olivier Nasti, Le Chambard in Kaysersberg

ZUTATEN FÜR 3 GROSSE GUGELHUPFE: 500 G MEHL · 10 G SALZ · 30 G ZUCKER · 30 G HEFE · 150 G EIER · 170 G BUTTER · 170 G TAGADA-ERDBEEREN

170 ml kochendes Wasser über die Tagada-Erdbeeren gießen, damit sie schmelzen, anschließend das entstandene Gelee abkühlen lassen.

Mehl, Salz, Zucker, Hefe, Eier und das Tagada-Gelée miteinander zu einem geschmeidigen Teig verkneten. Die weiche Butter unter den Teig kneten, bis dieser homogen und geschmeidig ist. 1 Stunde im Kühlschrank ruhen lassen. In drei gleichmäßig große Teigstücke teilen und in die Gugelhupfformen füllen. Bei Zimmertemperatur 1–1 ½ Stunden ruhen lassen. 50 Minuten bei 180 °C im vorgeheizten Ofen backen.

DER KNIFF DABEI: DEN KOUGELHOPF WÄHREND DES BACKENS EVENTUELL MIT ALUFOLIE ABDECKEN, DAMIT ER NICHT ZU BRAUN WIRD.

ZUSÄTZLICHER TIPP: DEN KUCHEN NACH DEM BACKEN TRADITIONELL MIT PUDERZUCKER BESTÄUBEN.

Bouillabaisse

Der wohlklingende Name dieser Spezialität, die ihre Wurzeln in Marseille hat, ist inzwischen mindestens ebenso bekannt wie Notre-Dame de la Garde, enthüllt jedem, der es hören möchte, das Geheimnis ihrer Zubereitung: „Bouillabaisse" bedeutet auf Provenzalisch „bout" und „abaisse", also „sobald es kocht, die Temperatur reduzieren".

Die Bouillabaisse war im 19. Jahrhundert ursprünglich ein Fischeressen. Die Fischer verkauften auf den Uferstraßen ihre schönsten Fische und behielten den zu kleinen oder beschädigten Fang für sich, der keine Abnehmer fand. Aus diesen Zufallsresten entstand eine der schmackhaftesten Suppen, in der sich alle Geschmacksrichtungen des Mittelmeers vereinen.

Fernandel, der 1950 das Lied *La Bouillabaisse* interpretierte, erklärte seine sehr persönliche Sichtweise:

„Um eine gute Bouillabaisse zu kochen, muss man zeitig aufstehen, einen Pastis bereitstellen und mit den Händen pausenlos Witze erzählen.

Wer besonders beherzt ist, nimmt eine Angel und fischt selbst, aber der Fisch schwimmt vorbei und lacht, also bleibt nichts anderes übrig, als ihn auf dem Markt zu kaufen! […]"

Fischsuppe

Rezept von Christian Buffa, Chefkoch des Miramar in Marseille

ZUTATEN FÜR 8 PERSONEN: 4 PETERMÄNNCHEN · 2 PETERS-FISCHE · 4 KNURRHÄHNE · 1 SEETEUFEL · 2 DRACHENKÖPFE · 1 MEERAAL · 1 KG KARTOFFELN
FÜR DEN FISCHFOND: 2 KG MITTELMEERFISCH · 3 TOMATEN · 2 ZWIEBELN · 1 KNOBLAUCHKNOLLE · ETWAS FENCHEL, FRISCH UND GEMAHLEN · ½ BUND PETERSILIE · SAFRAN NACH GESCHMACK · 3 EL OLIVENÖL · 1 EL TOMATENMARK · SALZ · PFEFFER

Für den Fischfond die Zwiebeln in dünne Scheiben schneiden, den Knoblauch durchpressen und alles in Olivenöl anbraten. Tomatenmark, geviertelte Tomaten, Fenchel, Petersilie und Safran zugeben. Die 2 kg Mittelmeerfisch zugeben, mit soviel Wasser aufgießen, dass über dem Fisch noch 4 cm Flüssigkeit steht. Salzen, pfeffern und 20 Minuten kochen lassen. Die Suppe gut verrühren, abseihen und weitere 10 Minuten kochen. Beiseitestellen.
Die Kartoffeln schälen und in 2 cm dicke Scheiben schneiden, dann in die Fischsuppe geben. Anschließend alle Fischsorten, angefangen mit den größten, auf die Kartoffeln schichten. Mit der restlichen Suppe aufgießen, sodass die Fische gut bedeckt sind. Abschmecken und 5 Minuten bei starker Hitze aufkochen. Sobald die Suppe kocht, die Temperatur, so wie es die Tradition besagt, reduzieren und die Suppe 30 Minuten köcheln lassen.

Zuerst die Suppe in kleinen Suppentellern mit Brotwürfeln servieren, die mit Knoblauch eingerieben, mit 2 EL Olivenöl getränkt und einige Minuten bei 220 °C im Backofen geröstet wurden. Zu der Fischsuppe reicht man zudem eine Rouille (eine Art Mayonnaise) aus 3 Eigelb, etwas Olivenöl, Salz, Knoblauch und Safran. Anschließend den zerteilten Fisch servieren, die Filets dazu sternförmig auf einem Teller anrichten, die Kartoffeln in der Mitte platzieren und alles mit Bouillon übergießen.

ZUSÄTZLICHER TIPP: EIN GEHEIMNIS DES KÜCHENCHEFS BESTEHT DARIN, VOR DEM SERVIEREN EINEN KRÄFTIGEN SCHUSS PASTIS IN DIE BOUILLON ZU GIESSEN.

GUT ZU WISSEN: IN EINIGEN RESTAURANTS IN MARSEILLE GILT FÜR DIE ZUBEREITUNG UND DAS SERVIEREN DER BOUILLABAISSE EINE ART CHARTA. DIE BOUILLABAISSE MUSS MINDESTENS 4 FISCHSORTEN ENTHALTEN SOWIE EINEN SUPPENFOND AUS ÖRTLICHEN MITTELMEERFISCHEN UND AUF ZWEI GESONDERTEN TELLERN SERVIERT WERDEN – EINER FÜR DIE BOUILLON UND EINER FÜR DEN FISCH, DER AUSSERDEM ERST BEI TISCH FÜR DEN GAST ZERTEILT WIRD.

Crème brûlée mit Chicorée

Rezept von Pierre Neuville, Wirt des Comme vous roulez in Dunkerque

ZUTATEN FÜR 10 AUFLAUFFÖRMCHEN: 12 EIGELB
· 180 G PUDERZUCKER · 30 G INSTANT-ZICHORIE
· 1 L FLÜSSIGE SAHNE · FARINZUCKER ZUR FERTIGSTELLUNG

Den Puderzucker mit der Instant-Zichorie mischen. Eigelb und die flüssige Sahne zufügen. Die Mischung schlagen, dann in die flachen Auflaufförmchen von etwa 15 cm Durchmesser verteilen. Die Mischung sollte eine Höhe von mindestens 7–8 mm erreichen. 30 Minuten bei 100 °C in den Backofen schieben. Wenn die Crème gar ist, in der Mitte jedoch noch zittert, die Förmchen aus dem Ofen nehmen. Abkühlen lassen, dann kalt stellen.
Kurz vor dem Servieren eine dünne Schicht Farinzucker auf die Oberfläche der Crème streuen und mit einem kleinen Flambierbrenner karamellisieren.

GUT ZU WISSEN: ZICHORIENMEHL WIRD AUS DEN WURZELN DER ZICHORIE HERGESTELLT. DIESE WERDEN GETROCKNET, JEDOCH NICHT GERÖSTET UND ANSCHLIESSEND FEIN GERIEBEN. DAS MEHL FINDET SEIT EINIGEN JAHREN IN DER LEBENSMITTEL-INDUSTRIE FÜR DIE HERSTELLUNG VON SPEZIALBROTEN UND -GEBÄCK BREITE VERWENDUNG.

La chicorée

In Flandre maritime, im Département Somme sowie in der Region Orchies und Cambrai ernten noch heute 240 Pflanzer die Zichorie, eine typische Anbaupflanze und ein typisches Produkt Nordfrankreichs. Die Wurzeln dieser Pflanze, die zur selben Spezies gehören wie der Chicorée, werden vor der Verarbeitung getrocknet.

Die Zichorie, die im 19. Jahrhundert und bis Mitte des 20. Jahrhunderts hauptsächlich geröstet und zu Körnern zerstoßen verwendet wurde, diente jedes Mal, wenn der Kaffeepreis unbezahlbar wurde, als schwacher Ersatz für Kaffee, beispielsweise während der Kontinentalsperre, die Napoléon 1806 verfügte. Zichorie, die anfangs als Pulver, später in Form von Körnern verkauft wurde, erlangte nach dem Zweiten Weltkrieg in löslicher Form Beliebtheit. Sie verkörperte das beliebte Heißgetränk des Nordens, das alleine oder gelegentlich als Beigabe zum Kaffee zubereitet wurde, dem es seine typische karamellartige Note verlieh. In den Industriebetrieben nutzte man Zichorienkaffee als eine zweckmäßige Stärkung der Arbeiter. Grubenarbeiter, Glasmacher oder Metallarbeiter schätzten ihn wegen des bitteren Geschmacks, denn so konnten sie ihren Durst löschen, ohne ins Schwitzen zu geraten oder unter der aufputschenden Wirkung von echtem Kaffee zu leiden.

Seit dem Altertum geschätzt, heute als 100 Prozent pflanzliches und natürliches Getränk ohne Zusatzstoffe anerkannt und wegen ihres Nährwertes, ihren verdauungsfördernden Eigenschaften und dem fehlenden Koffein beliebt, eroberte sich die Zichorie einen Platz in der Küche. Inzwischen wird sie auch in flüssiger Form verwendet, um eine Vinaigrette oder eine Sauce zu verfeinern, oder auch mit Vanille-Schokolade oder Kaffeearoma. Mit dem vorliegenden Rezept wird ein Getränk mit heilpflanzlichen und diätetischen Eigenschaften neu interpretiert, das der Kaffeeersatz von gestern war.

Canistrelli

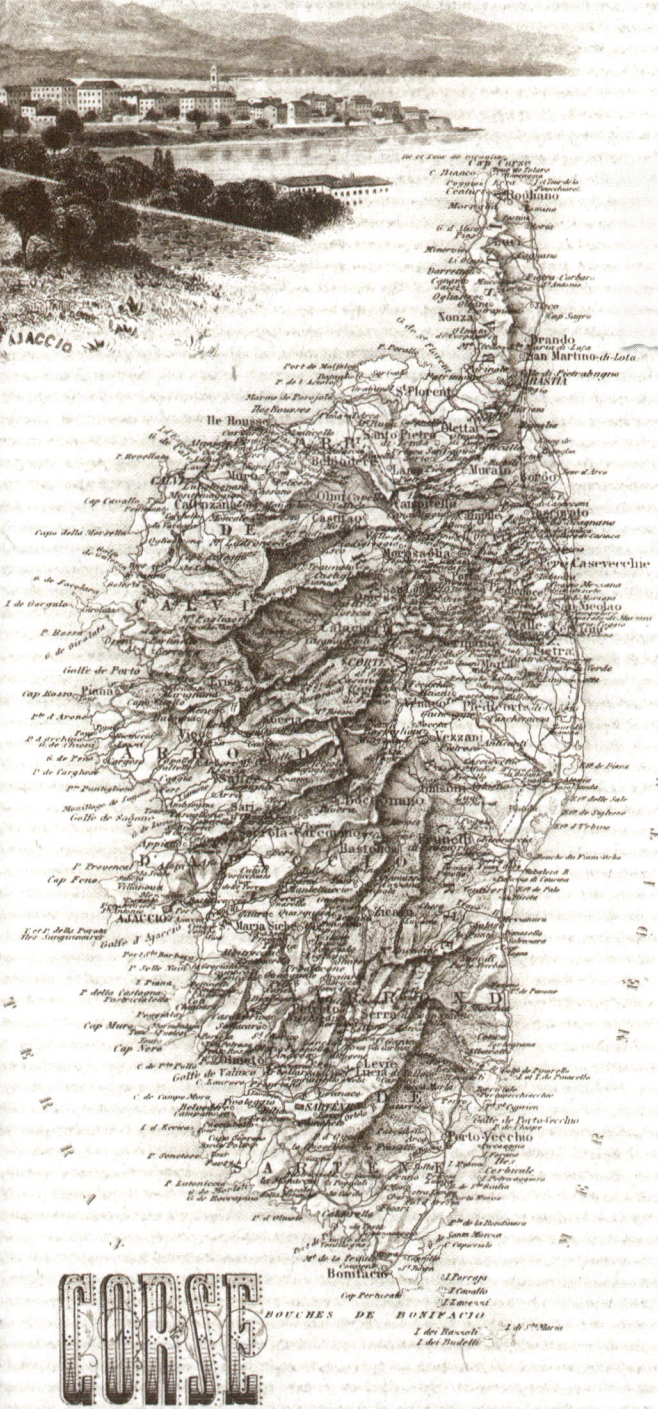

Auf Korsika verbindet man die Canistrelli mit der Karwoche. Sie gehören zu den österlichen Desserts und werden häufig in dem Ofen gebacken, der speziell für den großen Tag eingeschürt wird. Traditionell waren Eier in der Fastenzeit verboten. Anschließend bereiteten die Inselbewohner Kekse mit den Eiern zu, die sie während der Fastenzeit gesammelt hatten. Je nach Region unterscheiden sich die Kekse in ihrem Namen und Aussehen.

In Ajaccio findet man die „caccavelli" oder „campaniles". Dabei handelt es sich um ein Zuckerbrot in Kranzform, in dessen Mitte ein ganzes Ei liegt. Die Eier dieser Backware symbolisieren das Leben und die Hoffnung und es ist Brauch, dass jedes Kind einen solchen Kranz geschenkt bekommt. In Calvi werden die Oster-Canistrelli, ein Hefegebäck mit Anis, bei den Karfreitagsprozessionen eigens geweiht.

Die trockenen, aromatisierten Canistrelli, die man heute zu jeder Gelegenheit knabbern kann, sollen von diesem berühmten Osterhefebrot abstammen. Anfangs stellte man sie mit Öl und Weißwein her, später tauchten mehrere Spielarten auf. Die klassischen Varianten enthalten Anis, Kastanienmehl, Zitrone und Mandeln. Inzwischen gibt es auch „verwegene" Abwandlungen, beispielsweise mit Feige oder sogar als herzhafte Form mit Tomatenkonfit.

Armes d'Ajaccio

Canistrelli

ZUTATEN FÜR ETWA 20 KEKSE: 250 G MEHL · 90 ML ÖL · 85 G ZUCKER · ½ GLAS WEISSWEIN · ½ PÄCKCHEN BACKPULVER

Alle Zutaten zu einem glatten, relativ klebrigen Teig mischen. Den Teig auf einer bemehlten Fläche etwa 1 cm dick ausrollen. Mit einem Messer Rauten schneiden. Die Canistrelli mit ausreichend Abstand voneinander auf ein gefettetes Backblech legen. 10 Minuten bei 180 °C backen. Wenn sie beginnen aufzugehen und goldgelb zu werden, die Temperatur auf 150 °C herunterschalten und weitere 10 Minuten backen. Abkühlen lassen.

ZUSÄTZLICHER TIPP: ZUR ABWANDLUNG ETWAS ZITRONENSCHALE ODER ROSINEN IN DEN TEIG GEBEN.

Le homard à l'armoricaine

Der berühmte „Homard à l'américaine" soll eines Abends in der zweiten Hälfte des 19. Jahrhunderts entstanden sein, als der provenzalische Koch Pierre Fraysse, Chefkoch des Pariser Restaurants *Noel Peter's*, ein Gericht für amerikanische Gäste improvisierte, die gekommen waren, kurz bevor die Küche schloss.

Der Hummer, der noch lebend zerteilt und kurz in Öl und Butter angebraten wird, anstatt traditionell in einem Fischsud gegart zu werden, wird mit einer Sauce aus reduzierten Tomaten mit Kräutern und Gewürzen, Schalotten und Cayennepfeffer, Weißwein und Cognac serviert. Der Name ist geblieben, obgleich es das Rezept bereits früher gegeben zu haben scheint und eher provenzalischen Ursprungs sein dürfte. Erst später, bei der Abfassung des ersten *Larousse gastronomique* 1938, haben die Autoren, die davon überzeugt waren, dass dieses Gericht aus Armorika (historische Provinz der Bretagne) stammte, bevor es nach Paris kam, es umgetauft in „homard à l'armoricaine."

Die Köche in Lorient bevorzugten die preiswerteren Langusten und haben diesen Klassiker mit einer lokalen Gewürzmischung neu erfunden: Kari Gosse. Diese Mischung, Ende des 19. Jahrhunderts von einem Apotheker namens Gosse aus Lorient erfunden und zum Patent angemeldet, wurde vom Curry inspiriert, das die Französische Ostindienkompanie nach Lorient mitgebracht hatte. Die genaue, vertraulich weitergegebene Zusammensetzung dieses Gewürzes auf der Basis von Gewürznelke, Zimt und Kurkuma, bleibt geheim, erfüllt aber noch immer wunderbar seine Aufgabe, das Aroma von Krustentieren zu verfeinern und zu unterstreichen. Daher ersetzt Kari Gosse bei diesem Langustengericht, das auf keiner Festtafel fehlen darf, den Cayenne-Chili.

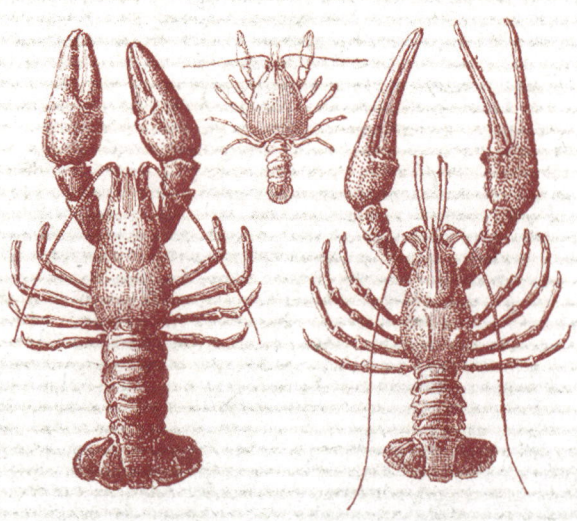

En Bretagne. — Retour de la Pêche aux Langoustines

Bretonischer Hummer

Rezept von Nathalie Beauvais, Chefköchin des Jardin Gourmand in Lorient

ZUTATEN FÜR 6 PERSONEN: 2,5 KG GROSSE LANGUSTEN (CA. 6 STÜCK PRO PERSON) · 1 KRÄUTERSTRÄUSSCHEN · 1 KAROTTE · 4 SCHALOTTEN · 1 KLEINE STANGE LAUCH · 1 STANGE STAUDENSELLERIE · 3 KNOBLAUCHZEHEN · 100 ML WEISSWEIN (MUSCADET) · 1 EL KARI GOSSE · 1 KG TOMATEN · 100 ML CRÈME FRAÎCHE · 50 ML OLIVENÖL · SALZ

Die Schalotten, die Karotte, die Lauchstange, den Stangensellerie und den Knoblauch schälen, in möglichst dünne Scheiben schneiden und beiseitestellen. Die Tomaten 20 Sekunden in einen Topf mit kochendem Wasser legen, abtropfen lassen, häuten, halbieren, zum Entkernen zwischen den Händen ausdrücken, mit einem Messer grob hacken und beiseitestellen.

Das Olivenöl in einen Schmortopf geben und die Langusten auf jeder Seite anbraten. Die schön goldgelb gebratenen Langusten auf einen Teller legen, anschließend das kleingeschnittene Gemüse und das Kräutersträupchen in den Schmortopf geben. Gut mischen und 5 Minuten zugedeckt bei milder Hitze dünsten. Die Köpfe der Krustentiere abnehmen und mit in den Schmortopf geben. Gut mischen, alles mit einem Stößel zerdrücken, mit Mehl bestäuben, mit Weißwein ablöschen, die Tomaten und das Kari Gosse zugeben und gut verrühren. 5 Minuten bei milder Hitze im offenen Schmortopf dünsten. Mit Wasser auffüllen, sodass alles bedeckt ist, salzen und aufkochen. Bei milder Hitze halb zugedeckt 30 Minuten kochen lassen.

Durch ein Trichtersieb passieren, dabei gut auf die Köpfe und die Beilage drücken. Die so entstandene Sauce wieder in den Schmortopf geben, aufkochen und die Langustenschwänze und -scheren zufügen. 7 Minuten bei mittlerer Hitze halb zugedeckt kochen lassen. Nach Ende der Kochzeit Crème fraîche zugeben und falls nötig nachwürzen.

GUT ZU WISSEN: DIE ANWESENHEIT DER OSTINDIENKOMPANIE IN LORIENT SORGTE DAFÜR, DASS ES IN DER BRETAGNE SEHR BALD ÜBLICH WURDE, MIT ORIENTALISCHEN GEWÜRZEN ZU KOCHEN.

Les bouchées à la reine

Der Legende nach entstand die Königinpastete in Lothringen, am Hofe des gestürzten und ins Exil geschickten Königs Stanislaus von Polen für seine Tochter Marie Leszczynska, die 1725 Ludwig XV. heiratete und Königin von Frankreich wurde.

Wie es heißt, schwärmte die Königin so sehr dafür, dass sie diese kleinen Blätterteigpasteten mit Fleisch- und Pilzfüllung und einer hellen Sauce, dem Symbol für Reinheit und Adel, in Versailles zubereiten ließ. Man konnte die Pastete auch mit einem „Hahnenkamm" ergänzen, der in seiner Form an eine Krone erinnerte.

Mehr brauchte es nicht dafür, dass die Stadt Nancy sich das Rezept aneignete, auch wenn es keine historischen Belege für die Herkunft dieser Speise gibt. Stanislaus ließ sich erst 1737 in Lothringen nieder, als er Herzog von Lothringen und Barrois wurde. Diese Legende scheint tatsächlich erst im 19. Jahrhundert aufgetaucht zu sein, also lange nach dem Tod der Prinzessin von Polen!

Königinpastete

Rezept von Yvain Rollot, Chefkoch des Restaurants A la Table du bon roi Stanislas in Nancy

ZUTATEN FÜR 6 PERSONEN: 200 G VORBEREITETES KALBSBRIES · 200 G RINDERZUNGE · 200 G HÄHNCHENBRUST · 200 G CHAMPIGNONS · 50 G ZWIEBELN · 50 G SCHALOTTEN · 100 ML MILCH · 300 ML WEISSWEIN · 600 G CRÈME FRAÎCHE · 30 G BUTTER · 350 G BLÄTTERTEIG · SALZ · PFEFFER · MUSKAT · KRÄUTERSTRÄUSSCHEN · OPTIONAL: ETWAS TRÜFFEL

Die Rinderzunge mit dem Kräutersträupchen in gesalzenem und gepfeffertem kochendem Wasser etwa 2 Stunden kochen. Gleichzeitig das Kalbsbries in der Milch mit 100 ml Wasser, einer Prise Salz und einer Prise Muskat kochen. Aus dem Blätterteig kleine Krustaden (Pasteten) mit 4–5 cm Durchmesser vorbereiten. Für eine Pastete zwei runde Scheiben gleicher Größe zuschneiden, von der oberen Scheibe den Mittelteil herausschneiden, dann beide Scheiben aufeinandersetzen und mit etwas Eigelb, das mit wenig Wasser verquirlt wurde, bestreichen. Die Pasteten in den heißen Backofen (200 °C) stellen und die Temperatur auf 180 °C herunterschalten. Etwa 10–15 Minuten backen, bis sie luftig und hellbraun sind. Zwiebeln und Schalotten in kleine Würfel, die Pilze in dünne Scheiben schneiden. Alles zusammen in der Butter anbraten und sparsam salzen. Die Fleischsorten in kleine Würfel schneiden und zu den Pilzen geben: zuerst das Hähnchenfleisch, dann die Zunge und zuletzt das Kalbsbries. Hellbraun anbraten und mit Weißwein ablöschen. Die Crème fraîche zugeben, schmelzen lassen und reduzieren, bis eine cremige Konsistenz entstanden ist. Abschmecken und die Füllung in den Pasteten servieren.

ZUSÄTZLICHER TIPP: KURZ VOR DEM SERVIEREN EVENTUELL ETWAS GERIEBENEN TRÜFFEL IN DIE SAUCE GEBEN.

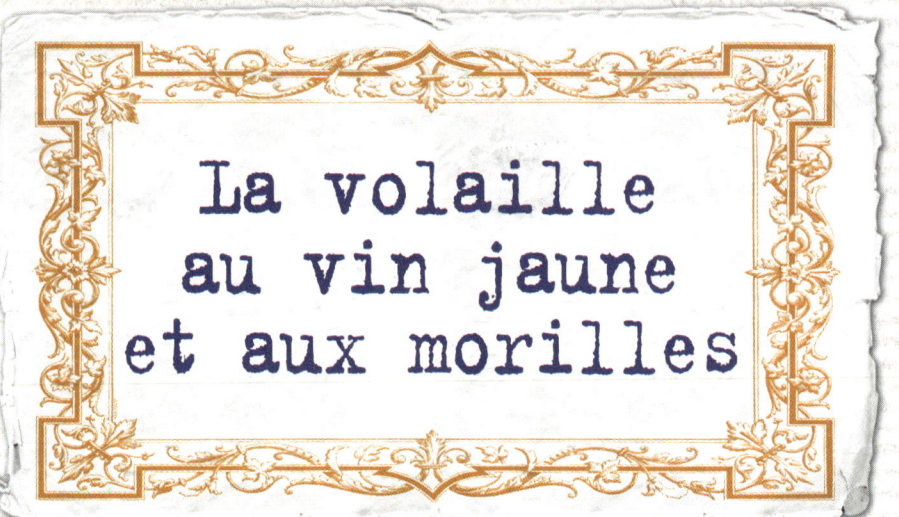

La volaille au vin jaune et aux morilles

Das Geflügel, das ursprünglich mit diesem Gericht aus dem Jura zu Ehren kam, war sicherlich der Hahn, das Wahrzeichen des Hühnerhofs, der normalerweise in fortgeschrittenem Alter geopfert wurde und daher viele Stunden gekocht werden musste, um das zähe Fleisch zart zu bekommen. Die Familienköchinnen bereiteten ihn für wichtige Anlässe wie Hochzeiten, Taufen oder Kommunionen in einer Kasserolle zusammen mit den edelsten Produkten zu, die es in der Franche-Comté gab: Morcheln aus den umliegenden Wäldern und dem hervorragenden und einzigartigen Vin jaune (Jura-Wein).

In den 1960er Jahren wurde das Rezept entstaubt und auf die Situation in Restaurantküchen angepasst. Chefkoch Léon Déloge, der in Arbois im *Hôtel des Messageries* neben Régis Molliet tätig ist, passte es dem aktuellen Geschmack an. Sein Hühnchen mit Jura-Wein und Morcheln, zubereitet mit einem Viertelliter Crème fraîche pro Person, erlebte einen Wahnsinnserfolg. Die Ortschronik vermerkt, dass das Hähnchen, das anfangs ohne Beilagen serviert wurde, bald mit weißem Reis auf den Tisch kam. Diese Idee stammte von der Ehefrau von Henri Maire, einem bedeutenden Grundbesitzer und Händler für Jura-Weine!

Nachdem das Rezept zu neuen Ehren gekommen war, wurde es in Arbois berühmt, wo es bald auf der Speisekarte der drei wichtigsten Restaurants stand: *Les Messageries*, *La Balance* und *Chez André Genet*. In neuerer Zeit entschied eine 1995 gegründete Bruderschaft, das Rezept für Geflügel mit Jura-Wein und Morcheln zu erneuern und zog dem Hahn oder dem Hühnchen die edle und zarte Poularde aus der benachbarten Bresse vor.

Geflügel mit Jura-Wein und Morcheln

Rezept von Thierry Moyne, La Balance, Speisen und Weine in Arbois

ZUTATEN FÜR 6 PERSONEN: 1 HAHN VON 3-4 KG · 100 G MORCHELN · 3 FLASCHEN CHARDONNAY · 1 FLASCHE JURA-WEIN (VIN JAUNE) · 1 L CRÈME FRAÎCHE · 20 G BUTTER · MEHL · CURRY · SALZ · PFEFFER

Zwei Tage zuvor die Morcheln in lauwarmem Wasser einweichen, dann schneiden. Mehrmals waschen, dabei die ersten vier Waschwasser aufheben und zu 90 % reduzieren lassen. Beiseitestellen. Den Hahn entbeinen. In einer Mischung aus Chardonnay (1½ Flaschen), Vin jaune (⅓ Flasche) und Curry marinieren. Am Vortag das Geflügel abtropfen lassen, die Marinade aufbewahren und das Fleisch mit Mehl bestäuben. Die Fleischstücke in einem Schmortopf anbraten und würzen. Das Fleisch herausnehmen, das Fett abschöpfen, mit Chardonnay und einem Drittel des Vin jaune ablöschen. Die Fleischstücke wieder in den Schmortopf geben, die Marinade zufügen und falls nötig mit Chardonnay und Vin jaune auffüllen, bis das Fleisch bedeckt ist. Ein Glas vom Vin jaune zurückbehalten. Den Schmortopf bei 150 °C 4 Stunden im Backofen backen, den Herd ausstellen und den Topf weitere 4 Stunden im Ofen lassen. Das Fleisch herausnehmen, den Saucenfond durch ein Sieb seihen und abkühlen lassen. Am Tag selbst schließlich die Morcheln in einem Schmortopf in der Butter anbraten, salzen und pfeffern. Den Saucenfond des Hahns entfetten. Die Morcheln mit dem reduzierten Morchelsaft vom ersten Tag ablöschen und den Saucenfond zugeben, 10 Minuten kochen lassen und vom Herd nehmen. Die Fleischstücke zufügen, den Topf wieder auf den Herd stellen und erneut reduzieren lassen. Die Crème fraîche zugeben, reduzieren lassen. Die Nudeln kochen. Das restliche Glas Vin jaune über den Hahn gießen und servieren.

ZUSÄTZLICHER TIPP: ALS BEILAGE ZU DIESEM GERICHT KANN MAN GANZ KLASSISCH KARTOFFELPÜREE ODER DAMPFKARTOFFELN REICHEN, FRISCHE TAGLIATELLE PASSEN JEDOCH EBENFALLS PERFEKT ZUM HAHN UND DEN MORCHELN.

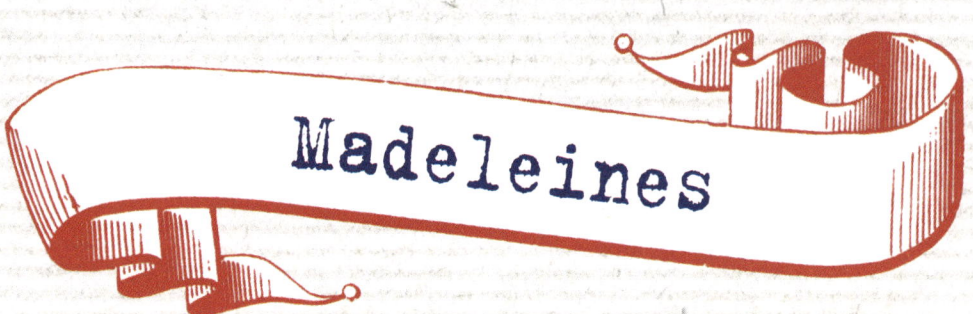

Madeleines

Um auf den Ursprung dieses süßen Gebäcks zu stoßen, muss man bis ins 18. Jahrhundert zurückgehen. Bei einem der häufigen Aufenthalte von König Stanislaus im Château de Commercy, beschloss der Konditormeister nach einem Streit mit dem Verwalter, seine Stelle aufzugeben. Ein großes Unglück für den als Feinschmecker bekannten König!
Um Abhilfe zu schaffen, ersetzte unvorbereitet eine Magd den Meister und bot an, als Dessert die traditionellen kleinen Kuchen ihrer Familie zuzubereiten, das einzige Rezept, das sie kannte. So kam es, dass sie mit Butter, Eiern, Zucker, Mehl und etwas Orange die Gäste des Königs entzückte.

Stanislaus, der nicht wusste, wie er das Dessert nennen sollte, erkundigte sich nach dem Namen der Magd. Sie hieß Madeleine Paumier ... So entstanden die berühmten „Madeleines de Commercy"!

Auf jeden Fall trug mehr noch als die Köchin – sei es nun Legende oder nicht –, die sie erfunden haben soll, ein Schriftsteller aus dem frühen 20. Jahrhundert dazu bei, diesem Gebäck weltweit zu literarischem Ruhm zu verhelfen. Es handelte sich um Marcel Proust im ersten Band seines Werkes Auf der Suche nach der verlorenen Zeit:

„Sie ließ daraufhin eines jener dicklichen, ovalen Sandtörtchen holen, die man ‚Petites Madeleines' nennt, und die aussehen, als habe man dafür die gefächerte Schale einer Jakobsmuschel benutzt. Gleich darauf führte ich, ohne mir etwas dabei zu denken, doch bedrückt über den trüben Tag und die Aussicht auf ein trauriges Morgen, einen Löffel Tee mit einem aufgeweichten kleinen Stück Madeleine darin an die Lippen. In der Sekunde nun, da dieser mit den Gebäckkrümeln gemischte Schluck Tee meinen Gaumen berührte, zuckte ich zusammen und war wie gebannt durch etwas Ungewöhnliches, das sich in mir vollzog. Ein unerhörtes Glücksgefühl hatte mich durchströmt ..."

Das Rezept auf der folgenden Seite von Yvain Rollot, dem Chef des historischen Restaurants *A la table du bon roi Stanislas* in Nancy, ist ein Originalrezept, das 1755 von Meunon in *Les Soupers de la cour* (Essen bei Hof) veröffentlicht wurde.

Regionale Spezialitäten

Kommen Sie durch Commery,
in der Nähe von Nancy,
wird Ihr größtes Glück wohl sein
zu genießen dort die Madeleines gar fein.
A. G.

Madeleines

ZUTATEN FÜR ETWA 30 STÜCK: 250 G MEHL · ¼ PÄCKCHEN BACKPULVER · 250 G ZUCKER · 1 PRISE SALZ · 5 EIER · 250 G BUTTER · SCHALE EINER ZITRONE · VANILLEEXTRAKT · ORANGENBLÜTENWASSER

Die Butter zerlassen. Die Zitronenschale abreiben und in einer Schüssel mit den Eiern, dem Salz und dem Zucker unter kräftigem Rühren mit dem Schneebesen mischen. Nach Geschmack mit Vanille und Orangenblüte aromatisieren. Das Mehl und das Backpulver zufügen und gut verrühren. Die zerlassene, jedoch nicht zu warme Butter einarbeiten und vorsichtig mischen, bis ein homogener Teig entstanden ist. Die Madeleineformen fetten, dann zu zwei Dritteln mit Teig füllen. In den bei 200 °C vorgeheizten Backofen stellen, nach 2 Minuten die Temperatur auf 180 °C reduzieren. Sobald die Madeleines schön goldbraun sind, aus dem Ofen nehmen und 1 Minute abkühlen lassen, bevor sie aus der Form genommen werden.

ZUSÄTZLICHER TIPP: MAN KANN ⅕ DES MEHLS DURCH GESIEBTES, UNGEZUCKERTES KAKAOPULVER ERSETZEN ODER KANDIERTE FRÜCHTE ODER ROSINEN UNTER DEN TEIG MISCHEN.

Les huîtres et crépinettes

In der Region Bordeaux werden Austern häufig zusammen mit Crépinettes angeboten. Dieses feine und schmackhafte Duo hat seinen Ursprung in dem Brauch, der im Süden der Charente maritime, rund um die Stadt Saintes und genauer gesagt in der alten Provinz Saintonge zu Hause ist und darin besteht, Austern zusammen mit Fleisch oder Wurst zu essen: *„Gerne serviert man sie zusammen mit Brot oder Pastete, dem „grillon" oder „graton" oder auch mit Würsten. Dabei handelt es sich um eine sehr alte Essgewohnheit"*, erklärt hierzu Roger Cougot, Präsident der Vereinigung *L'Huître pédagogique* in Mornac-sur-Seudre.

Man muss sagen, dass sich die Leute in dieser Gegend nicht mit überflüssigen Grundsätzen herumschlagen, um die örtliche Produktion zu genießen: *„Wir haben uns nie an den Spruch gehalten, wonach der Genuss von Austern auf die Monate beschränkt sei, die auf „r" enden, denn wir haben hier das Problem langer Transportwege oder Hitze nicht. Wir schätzen Austern auch im Sommer, wenn sie milchig sind"*, fügt er hinzu.

Eine feinere Alternative sind Austern mit Crépinettes. Diese köstliche Wurstspezialität aus Bordeaux, kleine flache Würste in Schweinenetzen, unter denen optional eine Trüffelscheibe liegen kann, gehören am Jahresende unverzichtbar zu einem guten Essen.

105 ARCACHON. — Parqueuse d'Huîtres. — LL.

Austern und Crépinettes

ZUTATEN FÜR 4 PERSONEN: 400 G FEINES WURSTBRÄT
· 1 EL PETERSILIE, GEHACKT · 1 KLEINES GLAS COGNAC
· SCHWEINESCHMALZ · SALZ · PFEFFER · 100 G SCHWEINENETZ
· OPTIONAL: 125 G TRÜFFEL, GEHACKT

Die Zutaten gründlich miteinander mischen. Anschließend in Portionen zu je etwa 100 g teilen und jede Portion in Schweinenetz wickeln, dabei dem Fladen eine rechteckige Form geben. Die Crépinettes in etwas Schweineschmalz in der Pfanne goldbraun braten. Die Crépinettes gleichzeitig mit den Austern heiß servieren, dabei im Wechsel eine kalte Auster und eine heiße Crépinette genießen.

ZUSÄTZLICHER TIPP: IM WINTER KÖNNEN SIE EINER WEITEREN TRADITION HULDIGEN. DABEI BOHRT MAN DIE AUSTERN AN, DAMIT DAS WASSER ABFLIESSEN KANN UND LÄSST SIE SICH DANN ÜBER FEUER ÖFFNEN. ANSCHLIESSEND GENIESST MAN SIE HEISS MIT EINEM STÜCKCHEN BUTTER. HIERFÜR GRÖSSERE AUSTERN NR. 1 ODER 2 WÄHLEN.

Flammeküeche

Westlich von Straßburg besitzen die großen elsässischen Bauernhöfe der landwirtschaftlichen Region Kochersberg häufig einen eigenen Brotbackofen. Von dort stammt der Flammeküeche, wörtlich ein „geflammter Kuchen". Der Kuchen wurde mit einfachen, aber nahrhaften ländlichen Produkten hergestellt und war die festliche Vorspeise an harten Arbeitstagen.

Flammkuchen, die über den ersten Flammen nach dem Entzünden des Feuers gebacken wurden und von der schönen Glut durch Verbrennen von Weinranken, Tannenzweigen und weiterem Reisig aus dem Unterholz profitierten, kamen vor dem Brot in den Ofen, das niedrigere Temperaturen verlangte, sodass man die Wärme gut kontrollieren konnte. Zudem wurden damit auf den weitläufigen Gütern mit zahlreichem Personal große Tischrunden anständig verpflegt.

Für den Flammkuchen nahm man eine kleine Handvoll von dem rohen backfertigen Brotteig und schob diesen frischen, sehr dünn ausgerollten Teig in den Ofen, nachdem man ihn mit dem „schmer" belegt hatte, einer Mischung aus Quark, rohem Rahm, Zwiebeln und Speck. Jeder Flammkuchen, ein Gericht, das man wunderbar portionieren kann, wurde in so viele Stücke geschnitten, wie Leute am Tisch saßen und herumgereicht. Man aß ihn ohne Teller, jeder bediente sich von dem Brett und rollte sein heißes, knuspriges Stück zwischen den Fingern zusammen. Man reichte so oft einen Flammkuchen herum, bis alle Gäste am Tisch satt waren, dann wurde eine letzte Handvoll Teig genommen als Vorteig für die nächste Ofenfüllung. Schließlich nahm man die Glut aus dem Ofen, säuberte den Boden und schob das Brot zum Backen hinein.

Flammkuchen

Rezept von Thomas Wirth vom Restaurant Oncle Georges in Pfettisheim

ZUTATEN FÜR DEN TEIG VON 5-6 FLAMMKUCHEN: 800 G MEHL TYP 80 · ETWAS VORTEIG VOM LETZTEN BACKEN ODER 30 G BACKHEFE · 250 ML WASSER · ETWAS RAPSÖL · SALZ
FÜR DEN BELAG: 1 EI · 850 G 20%IGER QUARK · 150 G DICKER ROHER RAHM (ERSATZWEISE SCHMAND) · 5 G MUSKATNUSS, GERIEBEN · SALZ · PFEFFER · 3 ZWIEBELN · 250 G GERÄUCHERTER SCHWEINEBAUCH, IN WÜRFEL GESCHNITTEN

Für den Teig die Zutaten miteinander verkneten und 1-2 Stunden ruhen lassen. Anschließend aus jeweils etwa 150 g Teig die Teiglinge formen, diese mit einem Nudelholz sehr dünn ausrollen. Jeden Teigboden auf ein Brett oder einen Rost legen. Den Quark mit Rahm und Ei verschlagen. Reichlich mit Salz, Pfeffer und Muskat würzen. Eine dünne Schicht von dieser Mischung auf den Teig streichen und die in Scheiben geschnittenen Zwiebeln und die Speckwürfel darauf verteilen. Maximal 10 Minuten bei kräftiger Hitze (250 °C-300 °C) in einen Holzofen oder einen traditionellen Backofen schieben. Idealerweise den Flammkuchen aus dem Ofen nehmen, wenn der Belag gar, aber noch nicht trocken ist. So viele Flammkuchen backen, bis die Zutaten aufgebraucht sind.

DER KNIFF DABEI: NACH ÖRTLICHER TRADITION WIRD ETWAS RAPSÖL ÜBER DEN DAMPFENDEN FLAMMKUCHEN GETRÄUFELT, SOBALD MAN IHN AUS DEM OFEN GENOMMEN HAT.

ZUSÄTZLICHER TIPP: MAN KANN EINE VARIANTE MIT CHAMPIGNONS UND GERÄUCHERTER ENTENBRUST ANBIETEN ODER AUCH MIT 60 G JUNGEM COMTÉ-KÄSE, DER ÜBER DEN FLAMMKUCHEN GEHOBELT UND ÜBERBACKEN WIRD.

Les joues de morue au beurre fondu

Im 19. Jahrhundert spezialisierte sich der Hafen von Dunkerque auf den Kabeljaufang vor Island. Diese „Islandfischerei", die ihren Höhepunkt zwischen 1850 und 1870 erreichte, trug zum Wohlstand einiger Händler bei, die jeweils mehrere Schiffe für eine sechsmonatige Kampagne pro Jahr ausrüsteten.

Die zunehmende Ausrüstung verlangte auch mehr erfahrene Seeleute und zwang die Händler, den Männern, die sie an Bord ihrer Schiffe beschäftigen wollten, deutlich mehr Lohn zu bezahlen. Diese unterschiedlich hohen Gratifikationen wurden schrittweise wieder reduziert, denn sie förderten bei den Seeleuten „Faulheit und Trunksucht". Parallel zu den Geldbeträgen ergänzten daher bald Zuwendungen in Naturalien, insbesondere in Form von Abfällen und Trockenfisch, den Gewinn der Mannschaften. Kabeljaubäckchen oder „kakestecks" und Kabaljauzungen oder „kélebet'che", Trocken- oder Pökelfisch wie der Petersfisch oder der auch als „Wamme" bezeichnete Heilbutt, waren daher auf dem Speiseplan der Fischer in der Region sehr verbreitet, die ihn in ihrer Freizeit zubereiteten und von jeder Kampagne mitbrachten, entweder als Essen für ihre Familien oder um ihr Einkommen durch den Verkauf aufzubessern.

ieser Brauch, der seit Anfang des 19. Jahrhunderts fest verankert war, schien jedoch der Regelung zu widersprechen, die besagte, dass jeder Fisch, der sich bei der Rückkehr von einem Fischzug noch an Bord befand, Eigentum des Reeders blieb. Um die Situation zu klären, wurde die Praxis nicht etwa verboten, sondern in einer Regelung von 1875 genau definiert, es sei die Entscheidung des Kapitäns, die Bestimmung auszulegen, *„der somit verdiente Männer belohnen und solche bestrafen könne, die sich als nachlässig erwiesen hätten"*. So heißt es in Artikel 6, dass zwar alles an Bord dem Reeder gehöre, *„dass jedoch abweichend davon der Kapitän den Männern, mit denen er zufrieden war, das Trocknen von Fischen in vernünftigen Mengen erlauben könne"*. Erst 1914 wurde diese Gepflogenheit für rechtsgültig erklärt: *„Die sogenannten Mannschaftsfässer werden abgeschafft. Daher darf bei der Abfahrt nicht das kleinste Fass mit an Bord gebracht werden. Bäckchen und Zungen gehören denjenigen von der Mannschaft, die sie geschnitten haben. Diese Arbeit darf nur außerhalb der Fischereizeiten ausgeführt werden. Bäckchen und Zungen müssen in Tonnen gelagert werden. Wenn die Männer Tonnen benutzen, die dem Reeder gehören, müssen sie hierfür pro Tonne fünf Francs bezahlen."* Mit anderen Worten verpflichtete diese Regelung die Seeleute dazu, etwas von ihrem Lohn abzugeben für die Nutzung der Fässer an Bord, in denen die Produkte konserviert wurden, die sie für sich persönlich zubereiteten. Und sie besiegelte, dass die gepökelten Kabeljaubäckchen zum kulinarischen Erbe Dunkerques wurden!

Kabeljaubäckchen mit zerlassener Butter

Rezept von Pierre Neuville, Restaurant Comme vous voulez in Dunkerque

ZUTATEN FÜR 4 PERSONEN: 1 KG KABELJAUBÄCKCHEN · 100 G KAROTTEN, IN SCHEIBEN GESCHNITTEN · 100 G ZWIEBELN, IN DÜNNE SCHEIBEN GESCHNITTEN · 500 ML TROCKENER WEISSWEIN · 1 ZWEIG THYMIAN, LORBEER UND 1 STANGENSELLERIE · 20 G PFEFFERKÖRNER · 60 G LANDBUTTER · ETWAS SCHNITTLAUCH

Im Vorfeld einen Fischsud zubereiten. Hierzu 2,5 l Wasser mit den Karotten und den Gewürzen aufkochen. Nach 5 Minuten Kochzeit die Zwiebeln, dann den Weißwein zugeben. Weitere 5 Minuten leicht köcheln lassen, bevor Sie die Pfefferkörner zugeben. (Den Fischsud nicht salzen.) Beiseitestellen. Den Fischsud zum Köcheln bringen und die Kabeljaubäckchen in den Sud legen. Je nach ihrer Größe 10–15 Minuten köcheln lassen, dabei beobachten. Gleichzeitig die Landbutter in einem Topf zerlassen und in kleine Auflaufformen verteilen, um sie gesondert als Sauce zu servieren. Die Kabeljaubäckchen zusammen mit der zerlassenen Butter, einem Zitronenviertel und etwas Kartoffelpüree servieren. Mit Schnittlauch bestreuen.

GUT ZU WISSEN: IM EINZELHANDEL BEKOMMT MAN HAUPTSÄCHLICH GESALZENE KABELJAUBÄCKCHEN. DIESE MÜSSEN VOR DER ZUBEREITUNG UNBEDINGT ENTSALZT WERDEN. HIERZU EINEN TAG LANG IN KALTES WASSER LEGEN UND DIESES 5-MAL WECHSELN.

DER KNIFF DABEI: KABELJAUBÄCKCHEN EIGNEN SICH AUCH SEHR GUT FÜR EINE ZUBEREITUNG IM DAMPFGARER … SO SPART MAN ZEIT, OHNE DASS DER FISCH AN GESCHMACK VERLIERT.

Le papeton d'aubergines

Dieser Flan aus Auberginenpüree, der mit der Geschichte der Päpste in Avignon verbunden ist, zählt zu den typischen Spezialitäten des Départements Vaucluse. Sein Ursprung soll ins 14. Jahrhundert zurückreichen, auf die Rivalität zwischen den päpstlichen Köchen in Rom und Avignon. Der Mythos, der dieses Rezept umgibt, steht der Qualität dieses Denkmals der provenzalischen Küche übrigens in nichts nach!

Avignon

Eines Tages kam der römische Koch des Papstes in den Bischofspalast, um seinen Kollegen herauszufordern. „Die italienische Küche ist raffinierter als eure Küche", erklärte er sinngemäß seinem Kollegen, der aufs Äußerste verärgert war und beschloss, alles in Bewegung zu setzen, um das Gegenteil zu beweisen.

Der provenzalische Koch stieg eilig hinab in die Schmiede des Palastes, wo er eine neue Backform in Auftrag gab und während sich der Kupferschmied an die Arbeit machte, eilte er zurück an seinen Herd.

Er wählte schöne Auberginen aus, die er sehr langsam garte, bevor er sie zu Püree zerdrückte. Nachdem er dieses Gemüsepüree mit einigen Eiern und etwas Milch verschlagen hatte, schob er es zum Backen in der neuen, speziell angefertigten Form in den Backofen. Er ließ den Kuchen eine schöne dunkelbraune Farbe annehmen, nahm ihn aus dem Ofen und richtete ihn auf einem großen Teller mit einem schönen roten, dicklichen Tomatenpüree an.

Als er diese Kreation dem Papst servierte, fand dieser sie so überwältigend und schmackhaft, dass er anordnete, sie Papeton zu nennen, wegen der strahlenden Farben, des Rots der Sauce und des Violetts des Gemüses und auch wegen der Form, die an die päpstliche Tiara erinnerte.

Auberginenkrone

Rezept von Elise Roux, Präsidentin des Conservatoire de la cuisine et des traditions provençales im Luberon.

ZUTATEN FÜR 4-6 PERSONEN: 3 AUBERGINEN · 8 EIER
· 150 ML VOLLMILCH · 3 EL OLIVENÖL · 2 KNOBLAUCHZEHEN
· 1 ZWEIG THYMIAN · SALZ UND PFEFFER
FÜR DIE TOMATENSAUCE: 1 KG TOMATEN · 2 ZWIEBELN
· 1 LORBEERBLATT · 1 THYMIANSTÄNGEL · 1 KNOBLAUCHZEHE
· 10 BASILIKUMBLÄTTCHEN · 3 PETERSILIENSTÄNGEL

Die Auberginen schälen und in gleichmäßig große Stücke schneiden. Mit einer Prise Salz auf jeder Schicht in ein Sieb schichten und 1 Stunde Wasser ziehen lassen. Nun in einer Pfanne 3 EL Olivenöl erhitzen und die abgetropften Auberginen zugeben. Den in kleine Stücke geschnittenen Knoblauch und den Thymianzweig zugeben und alles bei kräftiger Hitze goldgelb anbraten. Nachdem die Auberginen Farbe angenommen haben, die Temperatur reduzieren und das Gemüse etwa 20 Minuten köcheln lassen, dabei gelegentlich wenden. Die gegarten Auberginen sehr fein pürieren, die Eier und die Vollmilch zugeben und abschmecken. Eine große Kuchenform oder mehrere Einzelförmchen buttern und das Püree darauf verteilen. Im Wasserbad bei etwa 180 °C 40 Minuten garen. Den lauwarmen Papeton aus der Form nehmen.
Für die Tomatensauce 2 Zwiebeln in etwas Olivenöl mit allen Gewürzen anbräunen. Die geschälten, gesalzenen und gepfefferten Tomaten zugeben und bei milder Hitze 1 Stunde köcheln lassen. Dann pürieren, um eine zarte und cremige Sauce zu erhalten. Den Papeton mit dieser Sauce servieren.

DER KNIFF DABEI: DIESES PERFEKTE SOMMERGERICHT KANN EBENSO KALT WIE WARM GEGESSEN WERDEN.

Poutargue

5193. MARTIGUES — "La Venise Provençale" - Le Miroir des Oiseaux

Poutargue bezeichnet eine Spezialität aus gesalzenen und getrockneten Fischeiern, die auch als „Caviar de Martigues" bekannt ist, wobei die örtliche handwerkliche Herstellung heute geheim ist. Traditionell wird hierfür der „muge poutarguais", eine Art Meeräsche, die auf Provenzalisch übrigens „poutargo de mujou" heißt, verarbeitet. Die Meeräschen werden mit „Calen" gefangen, das sind Netze, die waagerecht über den Kanal gespannt werden, der den Étang de Berre mit dem Meer verbindet. Die Fangzeit ist auf die Monate Juli und August beschränkt, wenn die Weibchen zum Laichen kommen. Ihre Eiertaschen werden, nachdem sie herausgetrennt wurden, einfach mit frischem Wasser gewaschen und komplett einige Stunden in Salz gelegt. Abgespült und zwischen zwei Brettern gepresst, trocknen die Taschen anschließend eine Woche lang an der Luft.

Claude Fasciola, ein ehemaliger Fischer, erinnert sich an die Zeit, als zahlreiche Calen zwischen Martigues und Port-de-Bouc über den Kanal gespannt waren: *„Man konnte alle 100–150 Meter Netze spannen. Die Fischer fischten die Meeräschen für ihren persönlichen Bedarf, lange bevor die Poutargue eine begehrte Speise und ein gutes Geschäft wurde. Zu jedem Calen gehörte ein kleines Boot mit flachem Boden, das die Fische einsammelte, die sich im Netz verfangen hatten. Die Fischer trugen sich in eine Liste ein und ihre Ausfahrt wurde in Anwesenheit eines Rechtsanwalts ausgelost."*

Selten, teuer und intensiv im Geschmack, ist und bleibt die Poutargue ein Produkt, das vor allem naturbelassen sehr beliebt ist. Daher genießen Liebhaber dieser Speise sie frisch, in dünne Scheiben geschnitten und einfach auf ein Butterbrot gelegt, denn so entfaltet sich der Geschmack am besten.

Spaghetti à la poutargue

ZUTATEN FÜR 6 PERSONEN: 600 G SPAGHETTI
· 200 G POUTARGUE · 100 G MANDELN · 3 KNOBLAUCHZEHEN
· OLIVENÖL · SALZ

Zuerst die Knoblauchzehen und die Mandeln im Mörser zerdrücken. Die Poutargue auf der Käsereibe reiben. Die Spaghetti „al dente" kochen, abgießen und mit etwas Olivenöl, den zerdrückten Mandeln und dem zerdrückten Knoblauch, etwas Salz und der Hälfte der Poutargue in eine Schmorpfanne geben und bei kräftiger Hitze einige Minuten braten.
Die Spaghetti auf einen Teller geben und mit der restlichen Poutargue bestreuen. Sofort servieren.

GUT ZU WISSEN: DIE POUTARGUE DE MARTIGUES WIRD NICHT MIT EINER WACHSSCHICHT KONSERVIERT WIE DIE IMPORT-WARE. HISTORISCH GEHT DIE ZUBEREITUNG DER POUTARGUE AUF DIE ZEIT DER PHARAONEN ZURÜCK, UND MAN FINDET DIESE SPEISE AUCH IN ANDEREN MITTELMEERLÄNDERN. FÜR DIE POUTARGUE EIGNEN SICH NEBEN DER MEERÄSCHE AUCH ANDERE FISCHE WIE THUNFISCH, WOLFSBARSCH ODER KABELJAU.

La poule au pot

Bekanntlich verdankt die Poule au pot ihre exponierte Stellung im gastronomischen Erbe Frankreichs Heinrich IV. Aber weiß man tatsächlich über die Umstände Bescheid, die dem Tier zu diesem Renommee verholfen haben?

Im Verlauf eines Streits mit dem Herzog von Savoyen soll der gute König den berühmten Satz gesagt haben, der sich seither stetig weiter verbreitet hat.

Die Episode ist in dem Werk *Histoire du roy Henry le Grand* (Geschichte von König Heinrich dem Großen) vermerkt, das von Messire Hardouin de Péréfixe verfasst wurde, dem Hofmeister von Ludwig XIV. und Bischof von Rodez: „Als der Herzog von Savoyen nach Frankreich kam, nahm der König ihn eines Tages in den Stadtgraben des Boulevard Saint-Germain mit, um ein Schlagballspiel zu sehen. Nach dem Spiel, als beide an einem Fenster zur Straße standen, sagte der Herzog beim Anblick einer großen Menschenmenge, er könne die Schönheit und Opulenz Frankreichs nicht genügend bewundern und fragte seine Majestät, was das Land ihm einbringe. Der großzügige und schlagfertige König antwortete ihm: ‚Es bringt mir das ein, was ich möchte.' Der Herzog, dem diese Antwort zu ungenau war, wollte ihn drängen, ihm genauer zu sagen, was Frankreich ihm einbringe. Der König entgegnete: ‚Ja, das was ich möchte, denn da mir das Herz meines Volkes gehört, habe ich, was ich möchte, und wenn Gott mich noch leben lässt, werde ich dafür sorgen, dass es in meinem Königreich keinen Arbeiter gibt, der nicht über die Mittel verfügt, ein Huhn in seinem Topf zu haben.'"

Ist diese Szene, die Hardouin de Péréfixe mehrere Jahrzehnte nach dem Tod Heinrichs IV. 1610 berichtete, nun wahr oder gehört sie ins Reich der Legende? Eines ist jedenfalls sicher: Sie hat dazu beigetragen, das Zentrum dieser kulinarischen Tradition in Pau zu verankern, der Geburtsstadt des Feinschmeckerkönigs von Frankreich und Navarra, auch wenn die Poule au pot definitiv allen Franzosen gehört.

BASSES PYRÉNÉES

HENRY IV.
Roi de France et de Navarre.
Né à Pau en 1553.
Mort à Paris en 1610.

Huhn im Topf

Rezept von Eric Dequin, Chefkoch der Auberge Labarthe in Bosdarros

ZUTATEN FÜR 6 PERSONEN: 1 JUNGES HUHN · 2 STANGEN-SELLERIE · 2 GROSSE ZWIEBELN · SALZ · PFEFFER · GEWÜRZ-NELKEN · 300 G BRÄT · 100 G FOIE GRAS · 100 ML MILCH · 100 G ALTBACKENES BROT · 2 EIER · 400 G KAROTTEN · 400 G KLEINE WEISSE RÜBEN · 4 STANGEN LAUCH · 1 GRÜNKOHL · 400 G KARTOFFELN · 5 KNOBLAUCHZEHEN · PETERSILIE

Das Huhn entbeinen oder den Metzger darum bitten. Aus den folgenden Zutaten eine Kraftbrühe zubereiten: Stangensellerie, Zwiebeln, Knoblauch, Gewürznelken. Die Hühnerkarkasse in diese Brühe legen und gut 1 Stunde bei milder Hitze kochen. Anschließend die Füllung zubereiten. Hierzu die Foie gras zusammen mit der Leber, dem Magen und dem Herz des Huhns hacken. Salzen, pfeffern und mit dem Brät mischen. 2 Eier sowie etwas Knoblauch und gehackte Petersilie zufügen. Das zuvor in Milch eingeweichte Brot untermischen. Das Huhn mit dieser Füllung füllen und so in ein Geschirrtuch wickeln, dass die Füllung innen liegt. Zubinden und das Huhn in der Brühe 2 Stunden pochieren, anschließend prüfen, ob es gar ist.

Das Gemüse zubereiten: Die Karotten, Rüben, Kartoffeln und die weißen Teile des Lauchs klein schneiden und separat in einer Brühe kochen. Den Grünkohl 3-4 Minuten in kochendem Wasser blanchieren, abschrecken und abtropfen lassen. Einige nicht zu große Kohlblätter aussuchen und mit der restlichen Füllung füllen, anschließend in der leise köchelnden Brühe garen.
Für die Sauce aus Butter und Mehl eine Mehlschwitze herstellen, einige Schöpfkellen Brühe zufügen und glatt rühren. Das eingerollte Huhn tranchieren, mit der Hühnersauce begießen und sehr heiß servieren, zusammen mit dem Gemüse und den gefüllten Kohlrouladen.

ZUSÄTZLICHER TIPP: SIE KÖNNEN DAS HUHN AUCH MIT PILAW-REIS UND EVENTUELL EINER TOMATENSAUCE SERVIEREN.

La soupe au Laguiole

Ein Kloster empfing in früheren Zeiten die Pilger, die auf dem Weg nach Santiago di Compostella die Hochebene von Aubrac überquerten: die Domerie d'Aubrac, gegründet 1120. Da sie von ihrem Stifter Adalard die Aufgabe erhalten hatte, die zahlreichen Pilger aufzunehmen, zu verpflegen und zu schützen, die hier vorbeikamen, hatte man sich so organisiert, dass das Kloster autark leben konnte, indem es für die Erzeugung aller Lebensmittel sorgte, die für das Kloster, das Hospital und die Pilger benötigt wurden.

Getreide wurde von den Bauern der umliegenden Täler angebaut. Das Getreide lagerte man zuerst in Kornspeichern, bevor es auf die Hochebene transportiert wurde. Der Almauf- und abtrieb, der im 12. Jahrhundert von den Mönchen begründet wurde, sorgte dafür, dass sich die Kühe aus den Tälern vom 25. Mai bis 13. Oktober auf den Weiden rund um die Domerie ausbreiteten. Eine Besonderheit der Milchproduktion bestand darin, dass sie sich auf viereinhalb Monate konzentrierte, in denen ein Käse hergestellt werden musste, der ganzjährig haltbar sein würde. Jahrhunderte lang wurde so der Laguiole im Sommer in den „burons" hergestellt, provisorischen Sennhütten, die über die Hochebene von Aubrac verteilt lagen und anfangs aus Ackerschollen und Zweigen, später aus Basalt und Granit erbaut waren.

Die Pilger, die ans Tor der Domerie kamen, baten um „etwas", das auf Lateinisch „aliquid" hieß. Die Mönche versorgten sie daraufhin mit einer Art Bouillon, dazu Brot und Tomme-Käse. Dies ist der Käse, den man vor dem Zerkleinern und Salzen in der ersten Stufe der Laguiole-Herstellung erhält.

Suppe mit Laguiole-Käse

ZUTATEN FÜR 6 PERSONEN: 5 ZWIEBELN · 40 G MEHL · 1 TOMATE · 250 ML WEISSWEIN · 1,5 L WASSER · 1 RINDERKNOCHEN · BROT · 700 G LAGUIOLE-KÄSE · BUTTER ODER GÄNSESCHMALZ

Die Zwiebeln in Butter oder Gänseschmalz andünsten. Sobald sie goldgelb sind, 40 g Mehl und die zuvor klein geschnittene Tomate zugeben. Mit trockenem Weißwein aufgießen. 1,5 l Wasser und den Rinderknochen zugeben, salzen und pfeffern. In einen Suppentopf abwechselnd Käsescheiben und Brotscheiben schichten, bis alle Zutaten aufgebraucht sind. Die Bouillon darüber gießen. Etwas geriebenen Laguiole darüber streuen. Im Ofen überbacken, bis die Oberfläche leicht gebräunt ist.

GUT ZU WISSEN: AUS DER UNVOLLKOMMENEN SUPPE, UM DIE DIE PILGER BATEN UND DIE SICHER NICHTS MIT DER HIER VORGESTELLTEN VERFEINERTEN VERSION ZU TUN HAT, IST DAS ALIGOT (PÜREE MIT KÄSE) ENTSTANDEN, DAS HEUTE ZUM KULINARISCHEN ANSEHEN AUBRACS BEITRÄGT.

Kig ha farz

Der Kig ha farz ist eine Spezialität aus dem Nord-Finistère, die so beliebt ist, dass es zwischen Morlaix und Conquet kein Dorf gibt, das den Ursprung dieses Eintopfs nicht für sich beansprucht! Häufig hört man, es gäbe ebenso viele Rezepte für den Kig ha farz wie in der Bretagne Kapellen stehen.

Der Name bedeutet ganz einfach „Fleisch und Kloß". Während er sich heute zu einer Art reichhaltigem bretonischem Pot-au-feu gemausert hat, war er ursprünglich nur ein „Farz" (Kloß) mit dem Mehl aus Buchweizen, dessen Anbau für die ärmsten Länder typisch ist, sowie einem Stück Speck, das die Bäuerinnen morgens, bevor sie zur Arbeit gingen, in einem Topf bei schwacher Hitze zum Köcheln aufstellten. Der Kig ha farz bildete also ein bescheidenes, deftiges Essen, das den Vorteil hatte, lange vor sich hin zu köcheln, während alle auf den Feldern arbeiteten.

Die Originalität des Far, bestehend aus Buchweizenmehl, Milch, Eiern und Fett, beruht darauf, dass er in einem Leinensack gekocht wird, der sehr robust sein muss, da er platzen würde, wenn der Inhalt zu einem sehr kompakten Brei aufquillt. Anschließend muss man ihn auf Bretonisch „beujuner", d. h. den Sack auf einem Tisch rollen, bevor man ihn öffnet. Im Lauf der Zeit hat sich das Rezept zu einem festlichen und gastlichen Eintopf entwickelt und wird mit verschiedenen Schweine- und Rindfleischstücken, einer großen Vielfalt an Gemüse, einer Sauce aus Butter und Zwiebeln („lipig") und einem zweiten Far (Kloß) aus Weizenmehl angereichert. Manche essen ihn auch gebraten mit Butter und Zucker gerne als krönendes Dessert nach diesem Schlemmermahl.

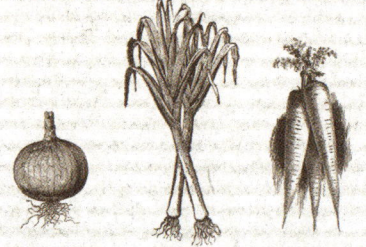

Bretonischer Fleischtopf

Rezept von Alain Scarella, Wirt des Puits de Jeanne in Plouégat-Moysan

ZUTATEN FÜR 8 PERSONEN: 800 G SUPPENFLEISCH (HALSSTÜCK ODER QUERRIPPE) · 8 SCHEIBEN GERÄUCHERTE KNOBLAUCH-WURST · 8 SCHEIBEN RÄUCHERSPECK, CA. 100 G · 2 GROSSE SCHWEINSHACHSEN, LEICHT GESALZEN · 8 STANGEN LAUCH · 10 KAROTTEN · 5 SCHÖNE ROSA ROSCOFF-ZWIEBELN · 1 GRÜNKOHL
FÜR DEN WEISSEN KLOSS (FAR): 500 G WEIZENMEHL · 4 EIER · 500 ML VOLLMILCH · 125 G BUTTER · 60 G ZUCKER
FÜR DEN BUCHWEIZENKLOSS: 500 G BUCHWEIZENMEHL · 1 EI · 250 G BUTTER · 250 ML WASSER · 1 GROSSE PRISE ZUCKER · 1 KLEINE PRISE SALZ
FÜR DEN LIPIG (DIE SAUCE): 5 SCHÖNE ROSCOFF-ZWIEBELN · 200 ML SAHNE · 100 G BUTTER · BOUILLON

Zuerst den Weizenklop zubereiten. In das Mehl eine Mulde drücken, Eier, Zucker und zerlassene Butter in die Mulde geben. Mit etwas Milch verrühren, dann gut vermengen und die restliche Milch zufügen. Diese Mischung in einen Leinensack füllen, gut zubinden und beiseitestellen. Nun den Buchweizenklop nach demselben Verfahren zubereiten. In dem Buchweizenteig, der recht fest sein soll, muss der Holzlöffel stehen bleiben. Sobald beide Klöße fertig sind, die Leinensäcke mit dem Suppenfleisch in den Kochtopf legen und das Ganze 2 Stunden kochen lassen.

Das Gemüse waschen, Lauch und Karotten in 5-10 cm lange Stücke, die Zwiebeln in große Würfel schneiden und von dem Kohl die Blätter abzupfen. Das Suppenfleisch in einen Kochtopf mit kaltem Wasser legen, das Fleisch abschäumen, aufkochen. Die Karotten zufügen. Mindestens 3 Stunden kochen, den Kohl, den Lauch und die Zwiebeln zufügen und eine weitere Stunde kochen. Inzwischen in einem anderen Topf die Schweinshachsen kochen, dabei berücksichtigen, dass sie vor dem Servieren eine Weile in den Backofen kommen, um eine schöne goldbraune Farbe anzunehmen. Schließlich die Speck- und Wurstscheiben kochen.
Für den Lipig die Zwiebeln in der Butter anbräunen, dann die Sahne und etwas Bouillon zufügen.
Sobald die Klöße fertig sind, nimmt man sie aus dem Topf und lässt sie etwas abkühlen, bevor man den Buchweizenkloß zwischen den Händen rollt, um den Inhalt zu zerbröseln. Den Weizenkloß in Scheiben schneiden. Auf einer Platte das Gemüse, das Suppenfleisch, die Wurstscheiben, den Speck und die Hachsen anrichten. Die beiden Klöße auf einem anderen Teller, den Lipig in einer Schale anrichten.

ZUSÄTZLICHER TIPP: VOR DEM HAUPTGERICHT SERVIERT MAN IMMER EINE SUPPE, BESTEHEND AUS DER BOUILLON UND DEM GEMÜSE AUS DEM KIG HA FARZ-TOPF.

Le gratin de cardons

Die Kardone oder Cardy, eine Verwandte der Artischocke und der wilden Distel, ist verkannt und unbeliebt, denn ihr eilt der Ruf voraus, mit den Köchinnen unsanft umzugehen, die sie beschuldigen, zu stechen und die Hände zu schwärzen.

LA PETITE CUISINIERE

Die Kardone findet man insbesondere in der Gegend um Lyon, hauptsächlich in Vaulx-en-Velin, ihrer Hauptstadt, wo sie auf dem Schwemmland der alten Rhône besonders günstige Bedingungen gefunden hat. Der lehmige und sandige Boden, gebildet aus dem entwässerten Schlamm ehemaliger Überschwemmungen, sagt dieser Pflanze sehr gut zu, die das Wasser dank ihrer langen Wurzel, die bei abgeschlossenem Wachstum 1,80 m in die Erde reicht, in der Tiefe findet. Dieser spezielle Anbau wird in Vaulx-en-Velin von einer Handvoll Bauern gepflegt, darunter Maurice Perrin, der uns die verschiedenen Etappen schildert: „Man sät die Kardone um den 15. Mai und dünnt sie Mitte Juli aus. Ab dem 15. August muss bewässert werden, denn in dieser Zeit vollendet die Pflanze ihr Wachstum, wobei sie innerhalb eines Monats von 20 cm auf 1,80 m Höhe wächst. Mitte September wird die Pflanze in Stroh gepackt, um sie vor Licht zu schützen, damit ihre Stiele weiß bleiben, weil sie sonst hart und bitter werden würden. Ab Mitte Oktober folgt das Ausreißen, es ist der körperlich härteste Arbeitsschritt."

Zur Zeit der Römer galt die Kardone, die damals von der Spitze bis zur Wurzel verzehrt wurde, als eine köstliche Speise. In Lyon fand sie im 17. Jahrhundert durch den Agronom Olivier de Serres Erwähnung. Dieses Gemüse stand auf der Menükarte eines offiziellen Banketts, das 1548 im Rathaus gegeben wurde.

Die Kardone aus Vaulx-en-Velin wird von einer 1993 gegründeten Bruderschaft gefördert und die Stadt feiert jedes Jahr am 8. Dezember ihr königliches Gemüse mit einem riesigen Kardone-Gratin.

RHÔNE

LUGDUNUM

JACQUART né à Lyon en 1752

AMPÈRE né à Lyon en 1775

St AMBROISE né à Lyon au 4ᵉ siècle

Cardy-Gratin

Rezept von Denise und Maurice Perrin, Produzent in Vaulx-en-Velin

ZUTATEN FÜR 6 PERSONEN: 1 KARDONE VON ETWA 1,3 KG
· 100 G ROHER SPECK, GEWÜRFELT · ÖL · GROBES SALZ
· 1 GEHÄUFTER EL MEHL · 100 G GRUYÈRE, GERIEBEN · BUTTER

Die Kardone schälen, dabei den dicken Faden in der Mitte abziehen. Die Stiele in 5-6 cm große Stücke schneiden, anschließend jedes Stück in Scheiben schneiden. Die so vorbereitete Kardone waschen, dann in einen großen Topf mit kochendem Wasser legen, dem 1 TL Öl und eine Handvoll grobes Salz zugefügt wird. 20 Minuten sprudelnd kochen, anschließend abgießen und abtropfen lassen. Inzwischen die Speckwürfel in einem Schmortopf anbraten. Sobald sie goldgelb sind, mit Mehl bestäuben, um eine Mehlschwitze herzustellen. Mit 200 ml Wasser zu einer nicht zu dünnflüssigen Sauce aufgießen.

Die abgetropften Gemüsestücke in eine ofenfeste Form legen. Mit der Speckwürfelsauce übergießen. Mit geriebenem Gruyère und 2-3 größeren Butterflöckchen belegen. Bei 180 °C etwa 20 Minuten im Backofen backen. Die Form aus dem Ofen nehmen, wenn sich an der Oberfläche kleine Bläschen bilden.

DER KNIFF DABEI: ZUM SCHÄLEN DER KARDONE HANDSCHUHE ANZIEHEN.

ZUSÄTZLICHER TIPP: DAS TRADITIONELLE REZEPT „À LA LYONNAISE", DER BERÜHMTE „CARDON À LA MOELLE" (CARDY-GRATIN MIT KNOCHENMARK), LÄSST SICH AUS DIESEM GRUNDREZEPT EINFACH ZUBEREITEN. HIERZU AUS 2 KNOCHEN MIT EINEM MESSER DAS KNOCHENMARK HERAUSKRATZEN UND IN DER MEHLSCHWITZE SCHMELZEN LASSEN, BEVOR DIE FLÜSSIGKEIT ZUGEGEBEN WIRD. AUSSERDEM EINIGE MARKSCHEIBEN AUF DEM GRATIN VERTEILEN, BEVOR ES IN DEN OFEN GESCHOBEN WIRD.

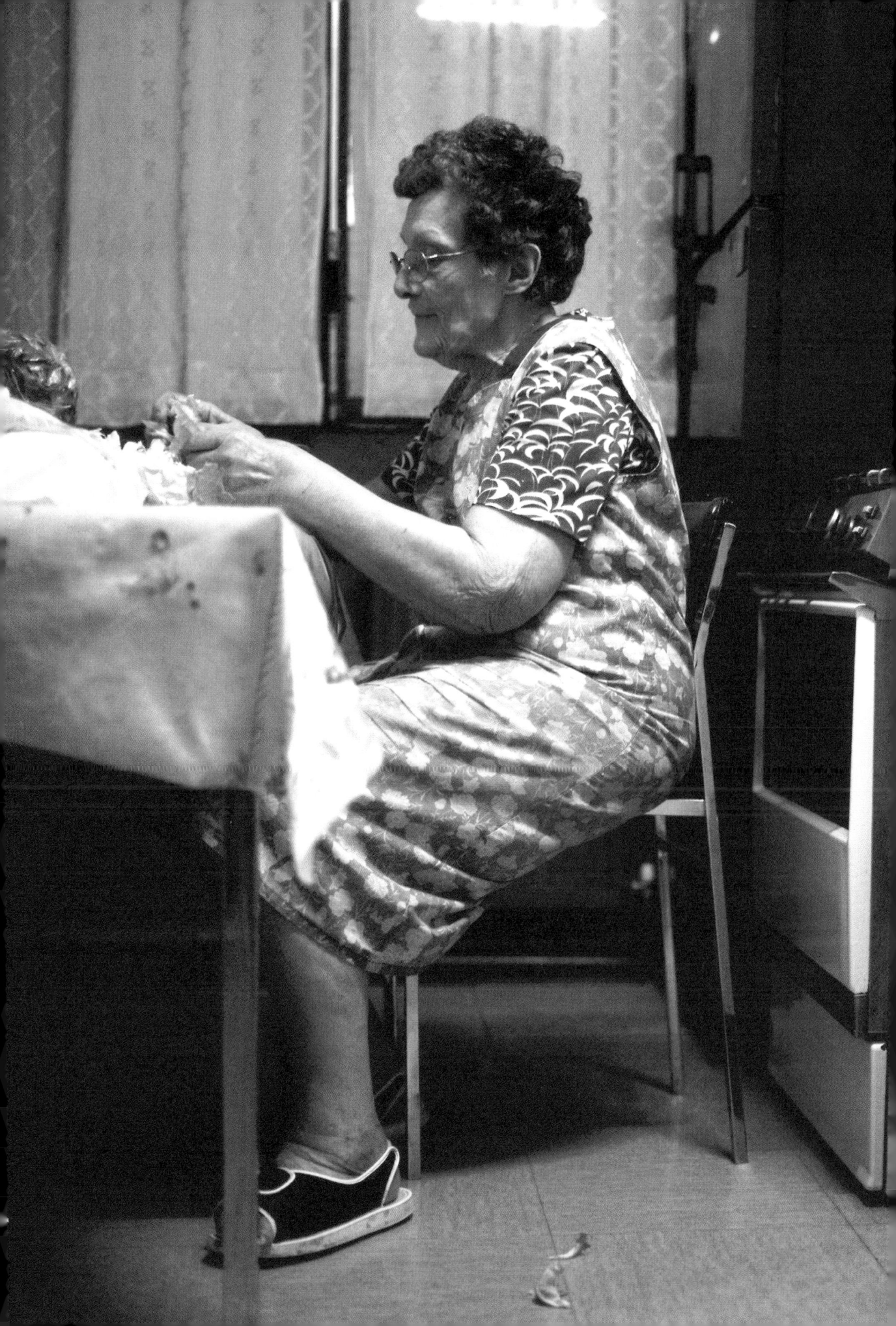

La bohémienne

Die Bohémienne wird häufig mit dem Ratatouille verwechselt, viele glauben nämlich, sie sei lediglich eine Mischung verschiedener mediterraner Gemüsearten.

Dabei hat das Rezept der Bohémienne, das aus der Grafschaft Venaissin stammt, das etwa dem heutigen Département Vaucluse entspricht, mit dem Gericht aus dem benachbarten Nizza wenig gemeinsam.

In erster Linie unterscheidet es sich durch seine Zusammensetzung, denn in die Bohémienne gehören nur Auberginen und Tomaten. Durch die schönen Farben dieser Speise, Karmesinrot und Schwarz, die an die Kleidung der Zigeuner in der volkstümlichen Vorstellung erinnert, erklärt sich die provenzalische Bezeichnung „boumiano".

Die Zigeunerin, eine rätselhafte Persönlichkeit mit ambivalenter Ausstrahlung zwischen Faszination und Ablehnung, hervorgerufen durch ihre Reize und ihre tänzerische und wahrsagerische Begabung, ist in der provenzalischen Kultur eine klassische Figur.

Gemüsetopf „Zigeunerin"

Rezept von Elise Roux, Präsidentin des Conservatoire de la cuisine et des traditions provençales im Luberon

ZUTATEN FÜR 4-6 PERSONEN: 4 ODER 5 AUBERGINEN · 4 TOMATEN · 4 EL OLIVENÖL · SALZ

Wählen Sie schöne lange Auberginen aus der Provence. Die Auberginen schälen und in gleichmäßige Stücke schneiden. Die Stücke 30 Minuten mit etwas Salz in einem Sieb Wasser ziehen lassen. In einer Pfanne das Olivenöl erhitzen. Sobald das Öl schön heiß ist, die Auberginenstücke zugeben und unter ständigem Wenden bei starker Hitze bräunen. Sobald sie gebräunt sind, bei sehr schwacher Hitze weitergaren und von Zeit und Zeit wenden. Wenn die Auberginen fast gar sind, die Tomaten schälen, in gleichmäßige Stücke derselben Größe wie die Auberginenstücke schneiden und unter die Auberginen mischen. Würzen und abschmecken und noch 20-30 Minuten bei schwacher Hitze köcheln lassen.

GUT ZU WISSEN: DIESER GEMÜSETOPF KANN HEISS ODER KALT SERVIERT WERDEN.

Fisch-Lauchtopf

Rezept von Elise Roux, Präsidentin des Conservatoire de la cuisine et des traditions provençales im Luberon

ZUTATEN: 1 KG KABELJAU · 6 SCHÖNE ANCHOVIS · 1 KG LAUCH · 2 LORBEERBLÄTTER · 3 EL MEHL · ½ L VOLLMILCH · 100 G GRUYÈRE, GERIEBEN · ½ BUND PETERSILIE · 5 KNOBLAUCHZEHEN · MUSKATNUSS · SEMMELBRÖSEL · OLIVENÖL

Zwei Tage zuvor den Kabeljau wässern. Den Kabeljau in kaltem Wasser mit den Lorbeerblättern zugedeckt bei schwacher Hitze erhitzen. Zum Sieden, aber nicht zum Kochen bringen, den Herd ausstellen und den Kabeljau im Kochwasser liegen lassen. Die Lauchstangen waschen und die dunkelgrünen Teile abschneiden. Die Stangen in dünne Scheiben schneiden und in einem ausreichend hohen Topf zugedeckt in Olivenöl dünsten. Der Lauch soll keine Farbe annehmen, nicht zu viel Wasser ausschwitzen. In den Topf darf kein Wasser gegeben werden. Bei milder Hitze etwa 30 Minuten garen. Die Anchovis putzen und waschen, 30 Minuten in kaltem Wasser entsalzen, dann bei milder Hitze in etwas Olivenöl in einem Topf dünsten. Die Anchovis zum Lauch geben. Petersilie und Knoblauch fein hacken und ebenfalls zugeben und gut untermischen. Mit 3 gehäuften EL Mehl bestäuben, gut rühren, dann nach und nach die Vollmilch zugeben. Mit etwas Muskatnuss würzen und den geriebenen Gruyère zugeben. Nach Geschmack würzen, dabei darauf achten, nicht zu viel Salz zu verwenden. Den Kabeljau zerkleinern und zu der Mischung geben. Vorsichtig mischen und bei milder Hitze etwa 10 Minuten köcheln lassen. Anschließend in eine ofenfeste Keramikform umfüllen, mit Semmelbröseln bedecken und mit etwas Olivenöl beträufeln. Im Ofen überbacken.

ZUSÄTZLICHER TIPP: SIE KÖNNEN NOCH EINIGE KLEINGEHACKTE SCHWARZE OLIVEN ÜBER DAS GERICHT STREUEN.

La quinquebine

Dieses Kabeljau-Gratin mit Lauch ist eines der traditionellen Weihnachtsrezepten in der Provence. Es wird am 24. Dezember beim Weihnachtsessen (repas calendal) serviert, das vor und nach der Mitternachtsmesse eingenommen wird.

Die Quinquebine gehört zu den sieben Speisen – sie sollen die sieben Schmerzen der Jungfrau Maria darstellen – und 13 Desserts, die auf dem dreifach gedeckten und mit Kerzen geschmückten Tisch aufgebaut werden für diese letzte Mahlzeit im Advent, einer Periode der Abstinenz, in der nur „magere" Speisen eingenommen werden. Die Gerichte dieses festlichen Abendessens werden also mit Gemüse und Meeresfrüchten ohne jegliches Fleisch zubereitet: Kabeljau, Meeräsche mit Oliven, Schnecken, Kürbis, Kardone, Sellerie, Blumenkohl oder Artischocke können auf dem Speiseplan stehen, denn neben einigen obligatorischen Gerichten für diesen Abend kürt jede Region in der Provence ihre Bräuche und spezifischen Rezepte.

Kabeljau, dessen intensiver Geschmack diesem Gericht sein Aroma gibt, war einer der wenigen Fische, die man früher auch jenseits des Küstenstreifens bekam. Im 16. Jahrhundert brachen zahlreiche Mannschaften zum „großen Fischfang" auf und segelten dabei bis in die kalten Gewässer Neufundlands. Im Hafen von Marseille konzentrierten sich die Fischlieferungen für den Süden Frankreichs. Gepökelt, getrocknet und fettarm war der Kabeljau lange haltbar und auch nicht zu teuer. Das erklärt seine rasche Verbreitung im Inneren der Provence und seine weit verbreitete Verwendung bei der Zubereitung von Speisen für die zahlreichen fleischlosen Tage im katholischen Kalender.

Marmitako

Der Marmitako, eine Art Seemannsragout mit Makrele oder kleinem Tintenfisch, war ursprünglich das traditionelle Gericht der Thunfisch-Fischer der baskischen Küste, das mit den am wenigsten begehrten Teilen des Fisches zubereitet wurde. In Frankreich ist es speziell auch mit der Geschichte von Saint-Jean-de-Luz verbunden.

Nachdem Saint-Jean-de-Luz im Mittelalter seinen Ruf und seine Wirtschaft auf der sagenhaften Waljagd gegründet hatte, erlebte der Ort im 18. Jahrhundert einen Niedergang. Da die Wale den Golf de Gascogne in Richtung kälterer Gewässer verlassen hatten, wurden sie immer seltener gefangen, und die Waljagd wurde schließlich ganz aufgegeben, nachdem die letzten Expeditionen nach Grönland Ende des 18. Jahrhunderts ein Misserfolg gewesen waren. In diese Zeit fiel auch der Niedergang der Kabeljaufischerei, gleichzeitig nahm der Sardinenfang seinen Aufschwung. In den 1950er Jahren wurde die Sardine verdrängt, und Saint-Jean-de-Luz entwickelte sich zum ersten Thunfischhafen Frankreichs, die Fangzüge führten die Schiffe bis Westafrika ins offene Meer vor Dakar.

Der Marmitako, der auf der Basis eines Fischfonds aus Gräten und Fischköpfen, weich gedünsteten Zwiebeln, Peperoni und Kartoffeln zubereitet wurde, die mit der Hand zerdrückt wurden, war schnell gekocht, denn der Thunfisch kam einfach in eine Pfanne, wurde kurz angebraten und in der heißen Bouillon pochiert, wobei er die vermischten Aromen des Fischfonds und der Peperoni annahm. Diese traditionelle Speise kommt auch heute noch bei lokalen Festen in den Nachbargemeinden von Saint-Jean-de-Luz und an der baskischen Küste auf den Tisch.

Pascal Berrotaran bietet anlässlich von Festlichkeiten in Saint-Pée die folgende Variante eines Marmitako mit kleinen Tintenfischen an.

11. - SAINT-JEAN-de-LUZ (B.-P.) - La Plage.   M. D.

Marmitako mit kleinen Tintenfischen

Rezept von Pascal Berrotaran, Restaurant La Nivelle in Saint-Pée-sur-Nivelle

ZUTATEN FÜR 4 PERSONEN: 1,5 KG KLEINE TINTENFISCHE (KALAMARIS) · 2 ZWIEBELN · 8 MILDE PEPERONI · 2 KNOBLAUCHZEHEN · 100 ML WEISSWEIN · 2 SEHR REIFE TOMATEN · 400 G GROSSE KARTOFFELN · SALZ · PFEFFER · PIMENT D'ESPELETTE · KRÄUTERSTRÄUSSCHEN · OLIVENÖL

Die gehackten Zwiebeln in 4 großen EL Olivenöl anbraten. Zusammen mit den in große Stücke geschnittenen Peperoni weich dünsten, Knoblauch zugeben.

In einem weiteren Schmortopf die Tintenfische 2-3 Minuten vorkochen, gerade so lange, dass sie ihren Saft „ausspucken". Den Saft aufheben. Kräftig mit Salz, Pfeffer und Piment d'Espelette würzen. Die Pfanne mit etwas Weißwein ablöschen und alles zusammen mit dem Kräutersträußchen und dem Fischfond in einen Schmortopf geben, sodass alle Zutaten bedeckt sind. 35-45 Minuten köcheln lassen, 20 Minuten vor Ende der Garzeit die in große Stücke geschnittenen Kartoffeln zugeben.

DER KNIFF DABEI: DIE ZUGABE VON 2 SEHR REIFEN TOMATEN, DIE EINFACH IN DIE SAUCE GEDRÜCKT WERDEN, MACHT DIESE ETWAS DICKLICHER UND GIBT IHR FARBE.

ZUSÄTZLICHER TIPP: DER FARBE WEGEN KÖNNEN SIE ÜBER DIE TELLER AUCH EINIGE KLEINE STÜCKE PIQUILLO-PAPRIKA AUS LODOSA UND GEHACKTE PETERSILIE STREUEN.

Verlorene Eier mit Weinsauce

ZUTATEN FÜR 4 PERSONEN: 4 EIER · 100 ML WEISSWEINESSIG
· 150 G SPECKWÜRFEL · 2 ZWIEBELN · 2 SCHALOTTEN
· 1 KNOBLAUCHZEHE · 50 G MEHL · 500 ML ROTWEIN
· ETWAS BUTTER · 4 SCHEIBEN LEICHT ALTBACKENES BROT

Eine nussgroße Menge Butter in einem Schmortopf zerlassen und darin die Speckwürfel mit den fein geschnittenen Zwiebeln und Schalotten und dem zerdrückten Knoblauch bräunen. Mit Mehl bestäuben, mischen und den Wein zugießen. Abschmecken, dann bei milder Hitze 30 Minuten köcheln lassen.

Inzwischen eine große Menge Wasser mit dem Weißweinessig zum Sieden bringen und die Eier darin pochieren. Die Eier nach 4 Minuten aus dem Wasser nehmen, abtropfen lassen, auf die zuvor mit Butter bestrichenen Brotscheiben setzen und einige Minuten in der Pfanne hellbraun werden lassen. Mit der Sauce Meurette begießen und sofort servieren.

DER KNIFF DABEI: DAMIT DAS BROT SCHÖN KNUSPRIG BLEIBT, WORAUS SICH EIN ANGENEHMER KONTRAST ZUR DICKFLÜSSIGKEIT VON SAUCE UND EI ERGIBT, KANN ES AUCH GESONDERT GEREICHT WERDEN.

Les oeufs en meurette

Im Burgund bleibt man der Weinbau-Identität der Region treu, daher wandelt man zahlreiche Speisen mit örtlichen Weinen ab. „Meurette" bezeichnet eine Rotweinsauce, die sowohl zu Fleisch als auch zu Fisch passt.

Am häufigsten werden jedoch Eier mit einer Meurette zubereitet. Diese werden lediglich in Wein oder Essigwasser pochiert, damit das Eiweiß gerinnt.

Es entspricht der örtlichen Tradition, dass die Kinder an Ostern durch die Dörfer gehen, an die Türen klopfen und „roulés" erbitten, also hart gekochte Eier. Das Speckomelette wird zum 1. Mai zubereitet. Die Oeufs en meurette kommen hingegen jeden Tag zu allen Jahreszeiten auf den Tisch, in denen die Hennen reichlich Eier legen.

Dieses Rezept, für das hauptsächlich Eier, Wein und einige Scheiben altbackenes Brot benötigt werden, ist per se ein authentisches Gericht für die burgundischen Winzer. Früher pflegten sie es übrigens als morgendlichen Imbiss zu sich zu nehmen!

Potjevleesch

Commandements de la Cuisinière

De ton mieux tu cuisineras
Pour que tes maîtres soient contents,
Les meilleurs morceaux garderas
Pour ton repas secrètement
Quelquefois même inviteras
Un militaire, ton amant,
A cette occasion verseras
Le meilleur vin évidemment,
Les provisions tu feras
A la halle journellement,
A ton retour tu donneras
Des comptes abracadabrants,
Bref, l'anse du panier feras
Sauter imperturbablement.

M. H.

Der Name dieses flämischen Gerichts bedeutet wörtlich „Kleiner Fleischtopf". Es handelt sich um eine Terrine mit magerem Fleisch – Huhn, Kaninchen, Schwein und Kalb –, das zu einer Sülze verarbeitet und mit einem Schuss Essig gewürzt wird.

NORD PAS DE CALAIS

Ursprünglich wurde der Potjevleesch sicher von den Bäuerinnen des Westhoek zubereitet, einer heute grenzübergreifenden Region zu Belgien, in der Flämisch gesprochen wird. Diese Terrine, die man wegen ihrer langen Garzeit gut im Ofen des Bäckers zubereiten konnte – wie in anderen Regionen die Kutteln oder den Baeckeoffe –, war das Ergebnis von gesundem Menschenverstand und Weitblick, da sie eine praktikable Konservierungsmethode für die Fleischsorten des Bauern- und des Hühnerhofs bot.

Die Legende aus Dunkerque berichtet, der „potch" sei im 16. Jahrhundert bei einer Invasion von Wildkaninchen im Küstenbereich entstanden. Angesichts dieser Katastrophe, die die Stadt ins Verderben zu stürzen drohte, verlangten die Bewohner die Genehmigung, die Kaninchen töten zu dürfen. Die nun vorhandene Überfülle an Kaninchenfleisch soll zum Potjevleesch inspiriert haben … Auch wenn es in Dunkerque tatsächlich eine solche Invasion gab, deutet doch alles darauf hin, dass das berühmte Rezept bereits vorher existierte.

Das Rezept des Ketelvleesch – was einfach „Kesselfleisch" bedeutet –, das man nach dem Kochen auf kleine Töpfe verteilte, sodass Potjevleesch daraus wurde, fand übrigens in dem renommierten *Viandier de Taillevent* Erwähnung, einer Handschrift auf Pergament und einem Referenzwerk zur mittelalterlichen Küche mit Rezepten aus der Mitte des 14. Jahrhunderts.

An der Wende zum 20. Jahrhundert war diese typische Speise des kulinarischen Erbes des Départements Nord praktisch verschwunden und wurde erst in den 1970er Jahren aktualisiert. Seither ist sie wieder zu einem festen Bestandteil des Angebotes in Metzgereien geworden.

Fleischtopf

Rezept von Luc Vanpoperinghe, Metzger im Palais des Gourmets in Madeleine

ZUTATEN FÜR 8 PERSONEN: 600 G KANINCHEN, OHNE KNOCHEN · 600 G VORDERRIPPENSTÜCK VOM SCHWEIN, OHNE KNOCHEN · 600 G HÄHNCHENSCHENKEL, OHNE KNOCHEN · 100 ML TROCKENER WEISSWEIN · 150 ML WEISSWEINESSIG · 1 L GEFLÜGELBOUILLON · ½ KALBSHACHSE ODER SCHWEINESCHWARTE · 200 G KAROTTEN · 100 G SCHALOTTEN · THYMIAN · LORBEER · 40 G SALZ · 5 G PFEFFER

Die Geflügelbouillon bei schwacher Hitze mit einigen Knochen und den Schwarten oder der halben Kalbshachse 2 Stunden erhitzen, damit sie fest wird. Die Fleischsorten in Würfel schneiden, mit den in Scheiben geschnittenen Karotten und den in dünne Scheiben geschnittenen Schalotten mischen. Salzen und pfeffern. Eine Terrine mit 3,5 Liter Fassungsvermögen mit der Mischung aus Fleisch und Gemüse auslegen. Den Weißwein und den Essig zum Geflügeljus zufügen, anschließend das Fleisch mit dieser warmen Mischung begießen, sodass es bedeckt ist. Thymian und Lorbeer darauf legen. Bei 110-120 °C 3 Stunden im Backofen backen. Den Potjevleesch aus dem Backofen nehmen und 2 Tage im Kühlschrank abkühlen lassen, dann wird er umso besser!

GUT ZU WISSEN: DER POTJEVLEESCH WIRD TRADITIONELL MIT HEISSEN POMMES FRITES SERVIERT, DIE AUF DAS FLEISCH GELEGT WERDEN, DAMIT DIE SÜLZE SCHMILZT.

Coq au vin

ZUTATEN FÜR 8 PERSONEN: 1 HAHN · 2 FLASCHEN ROTWEIN · 1 KAROTTE · 2 ZWIEBELN · 1 LORBEERBLATT · EINIGE PETERSILIENSTÄNGEL UND EINIGE FRISCHE THYMIANSTÄNGEL · 2 KNOBLAUCHZEHEN · PFEFFERKÖRNER
FÜR DIE SAUCE: 250 G SCHWEINEBAUCH · 20 PERLZWIEBELN · 200 G CHAMPIGNONS · 80 G BUTTER

Den Hahn tranchieren und in dem Wein und den folgenden Zutaten marinieren: in dünne Scheiben geschnittene Zwiebeln, in Scheiben geschnittene Karotte, zerdrückte Knoblauchzehe, Lorbeer, Thymian, Petersilie und Pfeffer. Mindestens 24 Stunden kalt stellen.

Die Speckwürfel in einem Schmortopf anbraten, anschließend die abgetropften Geflügelstücke darüberlegen. Sobald das Fleisch angebräunt ist, die Marinade zugießen und bei milder Hitze kochen. Gut 2 Stunden köcheln lassen. Nach 1 Stunde die gehäuteten Perlzwiebeln zugeben.

Währenddessen die Champignons in dünne Scheiben schneiden und in einer Pfanne in der Butter andünsten, 20 Minuten vor Ende der Kochzeit die Pilze unter die Sauce ziehen.

GUT ZU WISSEN: IM BURGUND SYMBOLISIERT DER COQ AU VIN DIE REICHHALTIGKEIT DER MAHLZEITEN, DENN SEINE ZUBEREITUNG VERLANGT EINEN MINDESTENS EIN JAHR ALTEN HAHN MIT FESTEM FLEISCH, DER FÜR DIE LANGE KOCHZEIT UND DIE KRÄFTIGEN AROMEN DES WEINS GEEIGNET IST.

Coq au vin

Natürlich darf man den mythologischen Coq au Chambertin nicht übergehen, zubereitet mit einem Chambertin, der mitverantwortlich ist für den Ruhm der klassischen Küche des Burgund.

Trotzdem scheint die Frage nach dem Ursprung des Hahns in Weinsauce nicht uninteressant, dessen Erfindung verschiedene Provinzen für sich in Anspruch nehmen, vom Bordelais über den Berry und die Auvergne bis ins Elsass. Wie es scheint, dürfte der Urahn aller Coqs au vin Frankreichs der von Chanturgue sein, einer seltenen und alten Weinrebe der Côtes d'Auvergne. Diese Rebe, die vom Gipfel des Puy-de-Dôme stammt, wird einem gewissen „Maistre Bertrand" zugeschrieben, „dem Wirt des Gasthauses Mercure-Gaulois zur Zeit des guten Königs Heinrich, der angeordnet hatte, seine Untertanen sollten sonntags und an Festtagen alle ihr Huhn im Topf haben."

Auch wenn es durchaus plausibel ist, diesem Geflügel verschiedene mehr oder weniger gleichzeitige Heimstätten zuzugestehen, so ist die Legende des allerersten Coq au vin auf jeden Fall mit dem Gedächtnis der Auvergne verbunden: Es war während des Krieges zwischen Römern und Galliern. Die Gallier, die sich auf den Gipfel des Puy-de-Dôme geflüchtet hatten, schickten Cäsar als Symbol ihres Widerstands einen alten, hungrigen, aber noch kämpferischen Hahn. Verärgert rächte sich Cäsar, indem er das Oberhaupt der Gallier zu einem Essen einlud, bei dem er eine bemerkenswerte Speise in einer rötlichen Sauce servieren ließ. Cäsar erklärte seinem Gegner, es handle sich um den am Vortag überreichten Hahn, den er die Nacht über in dem Rotwein der Region mariniert und lange gekocht hatte. Damit wollte er die römische Überlegenheit in allen Dingen beweisen und die Gallier zur Kapitulation veranlassen.

Fischtopf

Rezept von Eliane Thibaut Comelade, Schriftstellerin und Journalistin, spezialisiert auf die katalanische Küche

ZUTATEN FÜR 4-6 PERSONEN: 1,5 KG FISCH (DRACHENKOPF, KNURRHAHN, MERLAN, SEETEUFEL ETC.) · 1,5 KG NEUE KARTOFFELN · 1 PRISE CHILI · ETWAS PFEFFER AUS DER PFEFFERMÜHLE · ½ TL SAFRAN · 5-6 KNOBLAUCHZEHEN, GEHACKT · EINIGE STÄNGEL PETERSILIE · 1 EL SAGI (RANZIGER SPECK) · 3-4 EL MEHL · 4 EL OLIVENÖL

Die Fische abschuppen und ausnehmen oder fertig beim Fischhändler kaufen. Den Sagi in einem Topf mit dickem Boden zerdrücken. Gehackte Petersilie und Knoblauch gleichmäßig über den Topfboden streuen und mit Salz, Chili, Safran und Pfeffer würzen. Eine Schicht dicke Kartoffelscheiben, dann eine Schicht Fisch in den Topf legen. Leicht mit Mehl bestäuben und pfeffern. Kartoffeln und Fisch immer abwechselnd einschichten, bis alles aufgebraucht ist. Bis zur obersten Schicht mit Wasser auffüllen. Den Topf schließen und bei starker Hitze erhitzen. Beim ersten Aufwallen das Öl zugeben. Weiter sprudelnd kochen lassen. Nicht länger als 12-15 Minuten kochen. Heiß in tiefen Tellern servieren.

(DIESES REZEPT IST DEM BUCH „LA CUISINE CATALANE" BAND 1 VON ELIANE THIBAUT COMELADE ENTNOMMEN. ILLUSTRATIONEN VON PIERRE FOURNEL, ÉDITIONS JACQUES LANORE, 1999)

GUT ZU WISSEN: EINE UNVERZICHTBARE ZUTAT DER BULLINADE IST DER SAGI, EIN RANZIGER SCHWEINESPECK, DER DIESEM FISCHGERICHT EINE LEICHTE SÄURE VERLEIHT.

Bullinade

Die Bullinade oder „bullinada", die dem Suquet von der spanischen Costa Brava recht ähnlich ist, verkörpert das typische Fischergericht der Côte Vermeille.

Es gibt zwei Varianten: Die Bullinada des étangs, die mit Aal zubereitet wird, hauptsächlich in der Gegend von Saint-Cyprien, und die Bullinada mit verschiedenem Fisch, typisch für die felsige Küste zwischen Collioure und Cerbère.

Dieses sehr rustikale Gericht wurde nach der Rückkehr vom Fischen direkt am Strand zubereitet. Dabei verwendete man die nicht verkauften Fische, was die große Vielfalt kleiner Fische bei diesem Rezept erklärt. Kartoffeln fügte man hinzu, um das Gericht nahrhafter zu machen, etwas Mehl sorgte für die Sämigkeit der Sauce.

Die „olla", ein dicker schmiedeeiserner Kochkessel, wurde auf einem Dreifuß über ein Feuer, vorzugsweise aus Weinreben, gestellt, um eine kräftige Glut zu erzielen, denn die Bullinade wird, wie der Name sagt, bei starker Hitze gekocht.

Baeckeoffe

La cuisine électrique, c'est tellement commode et propre : plus de feu à allumer, plus de combustible à transporter, plus de cendres. Un bouton à tourner et c'est tout.

Dieses Gericht aus drei Fleischsorten, Zwiebeln und Kartoffeln hat den Vorteil, dass man sich nicht mehr darum kümmern muss, sobald alle Zutaten vereint sind und mehrere Stunden zusammen garen. Üblicherweise steht es mit dem Waschtag in Verbindung, denn die Hausfrauen pflegten es am Morgen zuzubereiten und dem Bäcker anzuvertrauen, bevor sie ins Waschhaus oder auch in die Kirche aufbrachen.

Die großen Terrinen, die von angesehenen Töpfern in Soufflenheim oder Betschdorf angefertigt wurden, trugen übrigens häufig die Initialen der Familien, damit man sie im Ofen auseinanderhalten konnte!

Der Baeckeoffe oder „Bäcker-Eintopf", der in einer Terrine im Brotbackofen gebacken wurde, nutzte die Resthitze nach dem Brotbacken.

Thomas Wirth bietet eine Neuauflage dieser Tradition an, inspiriert von der marokkanischen Tajine, die auf ähnliche Weise und im Geist derselben Gastlichkeit in einer Tonform gekocht wird. Das Ergebnis ist dieser Fleisch-, oder auch Gemüsetopf mit orientalischer Note, zubereitet in einer Baeckeoffe-Terrine.

Tajinoffe

Rezept von Thomas Wirth, Restaurant Oncle Georges in Pfettisheim

ZUTATEN FÜR 4 PERSONEN: 1,2 KG RIND- (BUG, HESSE, SCHULTER, HAXE) UND LAMMFLEISCH (HALS, BRUST, KEULE, SCHULTER) ODER ENTENSCHLEGEL OHNE FETT UND OHNE HAUT · 1,6 KG BIOGEMÜSE DER SAISON · 4 ODER 5 KARTOFFELN · 2-3 ZWIEBELN · 100-200 ML OLIVENÖL · 1 BUND KORIANDERGRÜN · 2 ODER 3 LORBEERBLÄTTER · EINIGE WACHOLDERBEEREN · EINIGE GEWÜRZNELKEN · 1-2 EL RAS EL-HANOUT · SALZ UND PFEFFER

Am Vortag das Fleisch in 3-4 cm große Stücke schneiden. Bei Verwendung von Entenschlegeln diese halbieren. Pfeffer, Ras el-Hanout, die Hälfte des fein gehackten Korianders und einen guten Schuss Olivenöl auf das Fleisch geben. Lorbeerblätter, Wacholderbeeren und Gewürznelken hinzufügen. Nicht salzen. Kalt stellen.

Die Kartoffeln beiseitestellen. Das übrige Gemüse schälen und in gleich große Würfel (3-4 cm Kantenlänge) schneiden. Den Boden einer Baeckeoffe-Terrine mit in große Stücke geschnittenen Zwiebeln auslegen und mit Olivenöl übergießen. Die Hälfte der beiden Fleischsorten zusammen mit dem restlichen Koriander zufügen, mit Ras el-Hanout, Salz und Pfeffer würzen. 2/3 des Gemüses darüberlegen, anschließend wieder Fleisch. Wieder würzen und mit dem restlichen Gemüse bedecken. Als oberste Schicht die in dicke Scheiben geschnittenen Kartoffeln verteilen. Salzen und 100-200 ml Wasser zugießen. Eine Stunde bei 250 °C im vorgeheizten Ofen backen, anschließend noch 30 Minuten bei 150 °C. Den Ofen ausschalten, die Terrine jedoch noch 15-30 Minuten im Ofen stehen lassen.

DER KNIFF DABEI: FÜR DIESEN TAJINOFFE ÜBERWIEGEND RÜBEN VERWENDEN SOWIE GEMÜSE DER SAISON NACH WAHL (WEISSE UND GELBE STECKRÜBEN, KOHLRÜBEN, KOHLRABI, PASTINAKEN, RETTICH, SELLERIE, FENCHEL, ZUCCHINI, LAUCH, KAROTTEN, PAPRIKA, MANGOLD, SCHWARZWURZEL, ERBSEN, TOPINAMBUR, SAUBOHNEN, ROSENKOHL ODER AUCH ZWETSCHGEN). NACH MÖGLICHKEIT MINDESTENS SIEBEN VERSCHIEDENE GEMÜSESORTEN NEHMEN, JEWEILS 1 ODER 2 STÜCK, JE NACH GRÖSSE.

ZUSÄTZLICHER TIPP: EINE VEGETARISCHE VARIANTE LÄSST SICH EBENFALLS ZUBEREITEN. HIERZU DIE MENGE AN ROHEM GEMÜSE AUF 500 G PRO PERSON ERHÖHEN ODER DAS FLEISCH DURCH FISCHSTÜCKE MIT FESTEM FLEISCH ERSETZEN (SEETEUFEL, GOLDBRASSE, ZANDER).

Pibales au piment d'Espelette

Bis in die 1970er Jahre galten die „pibales" (Glasaale) als Lebensmittel ohne pekuniären Wert, das vor allem von den Menschen verzehrt wurde, die in einer Uferregion lebten. Inzwischen gelten sie als ein sehr geschätztes Gericht im Baskenland, vor allem auch in Spanien.

Die folgenden Tipps für die Zubereitung nach den Regeln der Kunst des spanischen Baskenlandes stammen von Christian Parra, der 30 Jahre lang die *Auberge de la Galupe* am Ufer des Adour in Urt geleitet hat. Ihm zufolge ist dies die beste und schmackhafteste Zubereitung.

Die „pibales" oder „civelles", wie diese jungen Aale auch heißen, drohten, in Vergessenheit zu geraten. Gegenwärtig jedoch hat ihr Fang einen außergewöhnlichen Stellenwert, sowohl was die Angelbedingungen betrifft, als auch den hohen Preis, zu dem man den Fischern ihren Fang aus den Händen reißt.

Während die traditionelle Aalfischerei im Sommer stattfindet, werden Glasaale in der Wintersaison gefischt, von Ende Oktober bis März, wenn die Aale nach der Überquerung des Atlantiks die Küsten erreichen. Aale sind sozusagen Fernreisende, die sehr lange Strecken zurücklegen, um in der Sargassosee zu laichen und zu sterben. Die Jungtiere kehren zurück, von der Strömung getragen und vom Süßwasser der Flüsse angezogen, die in den Atlantik münden.

Im Baskenland kann man an den Ufern des Adour, der mit Laternen beleuchtet wird, in der Saison dieser Fischerei zusehen, die inzwischen Profifischern vorbehalten ist. Sie erfolgt nachts, da die Glasaale bei Dunkelheit an die Oberfläche kommen. Die Fischer arbeiten „zu Fuß" am Ufer, ausgerüstet mit einem Metallsieb von etwa 1,20 m Durchmesser am Ende eines langen Stiels. Sie tauchen ihr Sieb direkt unter der Wasseroberfläche in den Fluss, um die Glasaale auf ihrem Weg einzufangen. Ihren Fang leeren sie in Reusen, die im Wasser liegen, denn die Glasaale werden bis zum Verzehr lebend aufbewahrt.

Glasaale mit Piment d'Espelette

Rezept von Christian Parra, Koch in Briscous

ZUTATEN FÜR 4 PERSONEN: 400 G GLASAALE · 1 ZWIEBEL · 6 KNOBLAUCHZEHEN · GEWÜRZNELKEN · LORBEER · PETERSILIE · THYMIAN · PFEFFERKÖRNER · SALZ · OLIVENÖL · GETROCKNETES PIMENT D'ESPELETTE · ESSIG

Die noch lebenden Glasaale in eine Wasserschüssel setzen und waschen, dabei das Wasser 2-3-mal wechseln. Nach dem letzten Spülen etwas Wasser in der Schüssel lassen und Essig zugießen, um sie zu töten. Die Aale 10 Minuten in diesem Bad liegen lassen, anschließend spülen und abtropfen lassen. Aus der mit Gewürznelken gespickten Zwiebel, 2 Knoblauchzehen, Lorbeer, Petersilie und Thymian, Pfefferkörnern, grobem Salz und dem roten Piment einen Fischfond zubereiten, der so salzig wie Meerwasser sein soll. ½ Stunde sieden lassen. Die Glasaale in ein Sieb umfüllen und dieses 30 Sekunden in die kochende Flüssigkeit tauchen. Anschließend abtropfen lassen und mit mehreren Geschirrtüchern sorgfältig abtrocknen. In kleine hitzebeständige Tonpfännchen jeweils etwas Olivenöl, in dünne Scheiben geschnittenen Knoblauch und einige Stückchen getrocknetes Piment d'Espelette geben und erhitzen. Wenn der Knoblauch goldgelb ist, die Glasaale zugeben und mit einer Holzgabel vorsichtig wenden. Sobald die Glasaale glühend heiß sind, die Pfännchen vom Herd ziehen und sofort servieren.

DER KNIFF DABEI: BEI DER ZUBEREITUNG AUF SPANISCHE ART KANN MAN DIE GLASAALE AUCH TÖTEN, INDEM MAN IN DAS WASSER IN DER SCHÜSSEL EINE KLEINE MENGE TABAKSUD GIESST.

Le gâteau roulé à la catalane

Diese Roulade ist besser bekannt unter der Bezeichnung „bras de gitan" oder „braç de gitano". Sie wird mit Konditorcreme gefüllt und reichlich mit Puderzucker bestäubt, der anschließend mit einem heißen Eisen versengt wird, sodass die typische Karamellfarbe entsteht. Dass ein solches Rezept auftauchte, illustriert die Einführung der französischen kulinarischen Kunst auf katalanischem Boden als direkte Folge der Umsetzung des Pyrenäenvertrags zum Frieden zwischen den Königreichen Spanien und Frankreich 1659.

Mit dem Frieden zwischen beiden Kronen verbreitete sich der französische Einfluss in Nordkatalonien und wirkte sich auf die Küche ebenso aus wie auf die Sprache. So auch in dieser Konditorcreme und diesem „flaumigen" Kuchenteig, beides bis dato unbekannt in der katalanischen Küche, aber geeignet und neu interpretiert durch den karamellisierten Zuckerüberzug, der den „bras de gitan" nach dem Prinzip einer Crème brûlée bedeckt.

Dieser traditionelle Kuchen ist heute etwas in Vergessenheit geraten. Man findet ihn vor allem noch an Ostern. Er gehört zu den Desserts, die bei den ersten Veranstaltungen zu Frühlingsbeginn gereicht werden, wie den Volksfesten „applecs", wo in kleinen Weilern die Bevölkerung zusammenströmt, um im Freien gemeinsam zu essen.

Katalanische Biskuitroulade

Rezept von Eliane Thibaut Comelade, Schriftstellerin und Journalistin, spezialisiert auf die katalanische Küche

ZUTATEN FÜR 4 PERSONEN FÜR DIE KONDITORCREME:
200 ML MILCH · 1 VANILLESCHOTE · 1 GROSSES EI
· 50 G FEINER ZUCKER · 25 G MEHL, GESIEBT · EIN WALNUSS-
GROSSES STÜCK BUTTER
FÜR DEN TEIG: 2 GANZE EIER UND 1 EIWEISS · 40 G FEINER
ZUCKER · 40 G MEHL, GESIEBT · 15 G BUTTER, ZERLASSEN
· 1 PRISE FEINES SALZ · ETWAS BUTTER FÜR DIE FORM
· PUDERZUCKER

Zuerst die Creme zubereiten, damit der Kuchen nach dem Backen sofort damit bestrichen werden kann. In einer Schüssel Ei und Zucker solange verschlagen, bis die Masse weißlich wird. Das Mehl zufügen. Die Milch mit der Vanilleschote aufkochen. Die Eier-Zuckermasse nach und nach in die kochende Milch einrühren. Die Creme unter Rühren kochen, bis sie zu sprudeln beginnt. Den Topf vom Herd nehmen und noch eine Zeit lang weiterrühren, damit sie schön leicht und glatt wird, schließlich ein walnuss-großes Stück Butter unterrühren.

Für den Teig in einer Schüssel 2 Eigelb mit dem Zucker ver-schlagen, bis die Mischung dicklich ist. Die 3 Eiweiß mit einer Prise Salz zu sehr steifem Eischnee schlagen. Nun das Mehl und eine kleine Menge Eischnee unter den Teig heben. Das restliche Mehl und den restlichen Eischnee unterheben, nicht rühren. Zuletzt die gerade zerlassene Butter dazugeben. Eine rechteckige Form von 32 x 22 cm reichlich fetten. Den Teig einfüllen und glatt streichen. Bei 240 °C auf mittlerer Einschubleiste 7-9 Minuten backen. Der Biskuit soll nur ganz leicht Farbe annehmen und die Ränder sollen sich von selbst lösen. Aus dem Ofen nehmen und rasch auf ein feuchtes Geschirrtuch stürzen, das mit Zucker bestreut wurde. Rasch eine dünne Schicht Creme auf den Teig streichen und schnell aufrollen. Reichlich mit Puderzucker bestreuen, sodass dieser eine Schicht von 0,5-1 cm bildet. Mit einem heißen Eisen Rauten eindrücken.

(DIESES REZEPT IST DEM WERK VON ÉLIANE THIBAUT COMELADE ENTNOMMEN: „LA CUISINE CATALANE" BAND 1. ILLUSTRATIONEN VON PIERRE FOURNEL, ÉDITIONS JACQUES LANORE, 1999)

DER KNIFF DABEI: DAS BACKEN IST DIE HEIKELSTE ETAPPE. ACHTUNG, LASSEN SIE SICH NICHT ABLENKEN! DIE BACKZEIT DARF 8-9 MINUTEN NICHT ÜBERSCHREITEN. DER KUCHEN DARF NUR WENIG FARBE ANNEHMEN, SONST WIRD ER ZU TROCKEN.

ZUSÄTZLICHER TIPP: KLEIN GESCHNITTENE KANDIERTE FRÜCHTE UNTER DIE CREME MISCHEN.

Pain d'épices

Das Pain d'épices in vielfältigen Varianten, mit Zucker oder Trockenfrüchten verziert, als Geschenk oder ehrenhalber zubereitet, gilt in erster Linie als Leckerei und hat sich insbesondere auf großen Jahrmärkten neben weiteren Bonbons, Zuckerstangen oder kandierten Früchten verbreitet. So wurde aus der berühmten Foire au Pain d'épices in Paris erst im 19. Jahrhundert die Foire du Trône!

Ursprünglich soll das Pain d'épices in Form eines Honigbrots aus Asien gekommen und zur Zeit der Kreuzzüge in Europa eingeführt worden sein. Im Lauf der Zeit und der kulinarischen Experimente hat es sich verwandelt und wurde mit verschiedenen Aromen verfeinert, als es mit den im Mittelalter so begehrten Gewürzen in Berührung kam. So kann keine seiner heutigen Hauptstädte für sich beanspruchen, die tatsächliche und einzige Wiege des Pain d'épices zu sein, das gleichzeitig in Holland, Belgien, Deutschland, Österreich, der Schweiz und in Frankreich auftauchte. In Reims erlangte im 14. Jahrhundert das mit Gewürzen verbesserte Honigbrot sehr bald Berühmtheit, sodass es seit 1571 in der Stadt neben der Konditorzunft eine eigene Zunft der „Gewürzbrothersteller" (faiseurs de pain d'épices) gab.

Auch das Burgund beansprucht für sich eine Art Kuchen, der seit dem 14. Jahrhundert aus Mehl, Honig und Hefe hergestellt und „boichée" oder „boichet" genannt wurde, den Margarete von Flandern, Herzogin von Burgund, sehr gerne aß, wie es heißt. Der Beruf des Pain-d'épices-Bäckers entwickelte sich in Dijon, anfangs individuell, wie der berühmte Bonnaventure Pellerin, der erste Anbieter von Pain d'épices, der im Stadtarchiv 1711 erwähnt wird, später unter dem Dach von Fabriken, die zunehmenden Aufschwung nahmen. Zur Zeit der Revolution lief Dijon bei der Herstellung und dem Verkauf dieser Spezialität Reims den Rang ab. Zwischen der zweiten Hälfte des 19. Jahrhunderts und 1940 zählte man in Dijon zwischen acht und 12 Fabriken. 1940 beschäftigten 14 Fabriken 400 Arbeiter und produzierten 25 Tonnen pro Tag. Die Firma Mulot et Petitjean setzt diese Tradition heute als einzige fort.

Gewürzbrot

ZUTATEN FÜR 1 PAIN D'ÉPICES: 250 G WEIZENMEHL · 125 G HONIG · 125 G HAUSHALTS- ODER ROHRZUCKER · 200 ML MILCH · 1 TL BACKPULVER · ½ TL NELKENPULVER, ZIMT ODER ANIS · BUTTER

Die Milch leicht erwärmen und den Honig darin schmelzen lassen. Mehl und Backpulver in eine Schüssel geben, in die Mitte eine Mulde drücken. Zucker und Gewürze zugeben und mit der Milch verrühren. Den Teig 10 Minuten rühren. Den zähen, dickflüssigen Teig in eine gefettete Kastenform füllen. Bei 150 °C auf einem Rost im unteren Drittel des Backofens 1 Stunde backen, danach sofort aus der Form nehmen.

DER KNIFF DABEI: MAN KANN DIE DREI GEWÜRZE AUCH MISCHEN UND ETWAS ABGERIEBENE ZITRONEN- ODER ORANGENSCHALE ZUFÜGEN.

GUT ZU WISSEN: DAS PAIN D'ÉPICES, DEM ZAHLREICHE TUGENDEN NACHGESAGT WERDEN – BEISPIELSWEISE ABFÜHREND, WURMABTREIBEND ODER AUCH ENERGIE SPENDEND –, WURDE AUCH ALS „PAIN DE SANTÉ" (GESUNDHEITSBROT) BEZEICHNET UND GELEGENTLICH IN FORM EINES BREIUMSCHLAGS ALS HEILMITTEL EINGESETZT. MAN GAB ES BABYS ALS ZAHNUNGSHILFE UND ALTEN MENSCHEN ZUR KNOCHENSTÄRKUNG. DEM ARZT VON HEINRICH IV., LA FRAMBOISIÈRE, ZUFOLGE, HATTE DAS BROT SOGAR DIE FÄHIGKEIT, „DIE DAMEN SCHÖN ZU MACHEN, IHNEN EINEN MAKELLOSEN TEINT UND EINEN ROBUSTEN UND ANSPRECHENDEN KÖRPER ZU VERLEIHEN".

Käsekuchen

ZUTATEN FÜR 1 KUCHEN: 500 G BROCCIU (KORSISCHER FRISCH-KÄSE, ALTERNATIV RICOTTA) · 2 EL KORSISCHER BRANNTWEIN · 6 EIER · 200 G ZUCKER · ABGERIEBENE SCHALE 1 ZITRONE · 1 PRISE SALZ · 50 G BUTTER

Den Brocciu sorgfältig abtropfen lassen. Die Eigelbe mit dem Zucker kräftig verschlagen, bis die Masse glatt und cremig ist. Den zerkrümelten Brocciu, die abgeriebene Zitronenschale und den Branntwein unterrühren. Die Eiweiße mit der Prise Salz zu einem sehr steifen Eischnee schlagen und mit einem Teigschaber vorsichtig unterheben. Eine runde Kuchenform mit hohem Rand fetten, den Teig einfüllen und bei 180 °C 30 Minuten backen. Den Fiadone aus dem Ofen nehmen, wenn er sich vom Rand löst und die Oberfläche goldgelb ist.

ZUSÄTZLICHER TIPP: SERVIEREN SIE ZU DIESEM CREMIGEN KUCHEN EINE ZITRUSFRUCHTMARMELADE.

Fiadone

Die Hauptzutat des Fiadone, der milde und cremige Brocciu, ist zweifellos der typischste korsische Käse. Bevor er 1983 die Ursprungsbezeichnung und 1998 die kontrollierte Ursprungsbezeichnung erhielt, galt er übrigens eher als Milchprodukt denn als vollwertiger Käse. Dies beruht auf seiner einmaligen Herstellungsweise aus Molke. Diese gelbe Flüssigkeit, auch als Lactoserum bezeichnet, wird mit Rohmilch gemischt und bei schwacher Hitze erwärmt. Auf der Oberfläche bildet sich eine dicke, schäumende Creme. Diese Creme, die der Hirte und Käser vorsichtig abschöpft und in Abtropfformen („fattoghje") legt, ergibt den Brocciu.

Der Legende nach soll das Rezept für diese korsische Süßspeise von dem Riesen stammen, der die „Casa di l'urcu", einen Dolmen auf den Hängen des Monte Revincu in den Agriates im Norden Korsikas bewohnte. Dieser Riese terrorisierte die Bevölkerung der Umgebung, indem er ihre Schafe und Ziegen stahl. Den Hirten, die fest entschlossen waren, ihn zu bestrafen, gelang es nie, ihn einzufangen. Eines Tages erdachten sie eine List, um ihren Feind endlich zu schnappen: Sie stellten vor die Casa einen großen und schweren Stiefel, den sie innen mit Pech bestrichen hatten. Der Riese, der der Versuchung nicht widerstehen konnte, den Stiefel anzuprobieren, blieb darin hängen. Um sein Leben zu retten schlug er vor, das Geheimnis der Brocciu-Herstellung preiszugeben. Die Hirten taten, als stimmten sie diesem Handel zu, als er ihnen jedoch sein kostbares Geheimnis verraten hatte, töteten sie ihn!

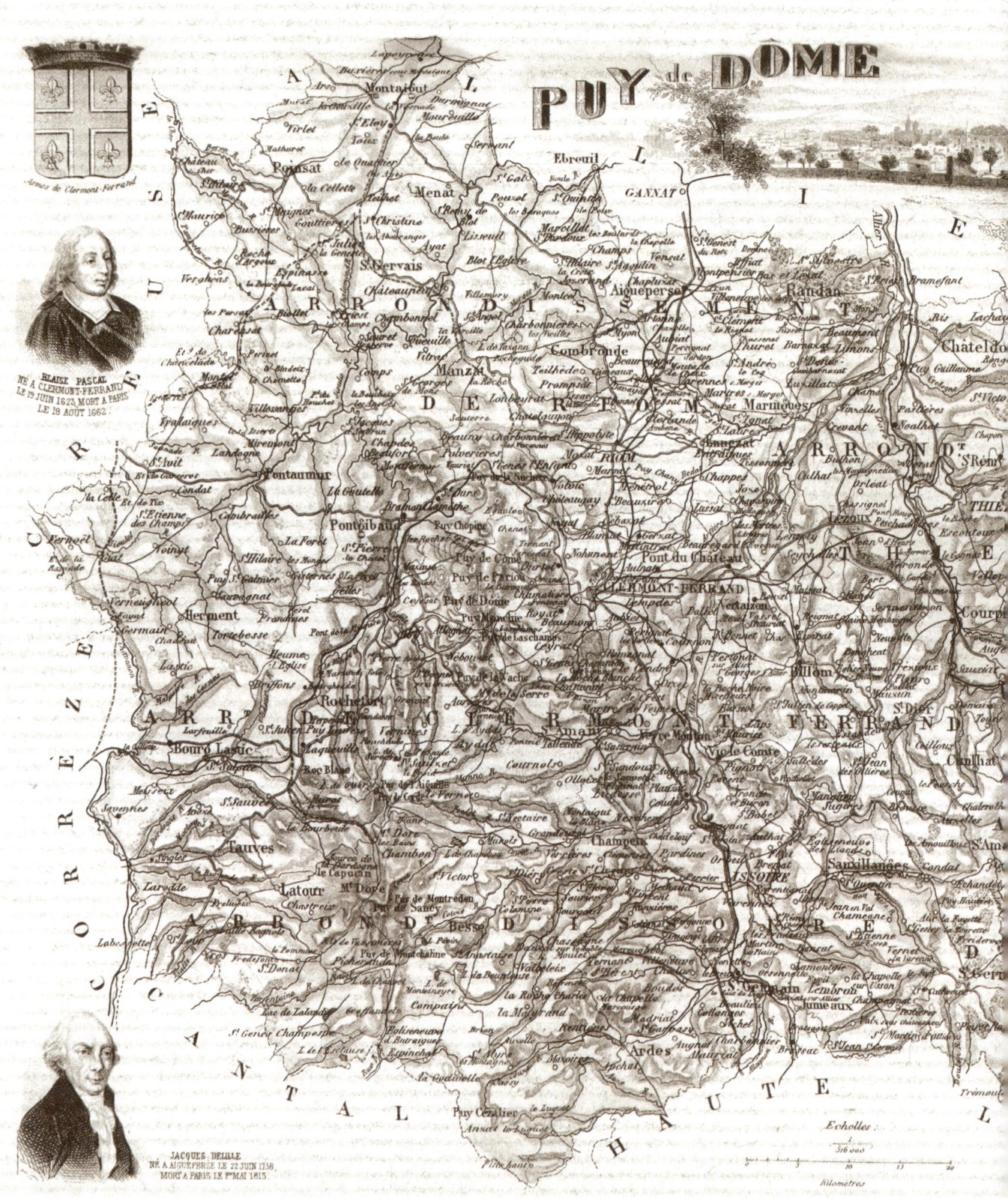

Potée auvergnate

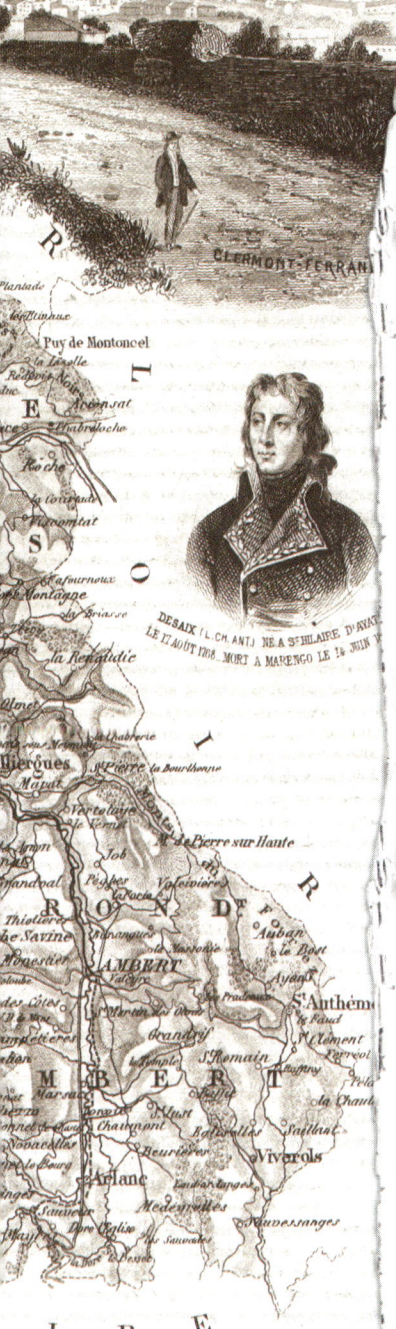

Diese ländliche und absolut authentische Speise spiegelt vor allem die bäuerlichen Lebensbedingungen in der rauen Gegend des Cantal wider, die überwiegend von Kastanien bewachsen und von Schweinen bevölkert wird. Es gab eine Zeit, in der diese Schweine in kontrollierter Freiheit in den Wäldern und in der Nähe der Menschen, ja sogar mit ihnen in ihren Häusern lebten. Häufig wurde ihnen das Erdgeschoss überlassen. Die Wärme, die diese Schweine abstrahlten, trug zur Erwärmung des Schlafzimmers und der Küche im oberen Stockwerk bei. Die Tiere wurden mit Speiseresten und Gemüseschalen gefüttert, die in großen Kesseln gekocht wurden, zusammen mit Kartoffeln und Rüben, die man im Mörser zerkleinerte und mit Kleie band.

„In den Wintermonaten von Dezember bis Februar fand auf jedem Bauernhof die „tuade" (Schlachten) statt, bei der die Tiere nach einem alten Ritus geschlachtet wurden. Man ließ sie ausbluten, anschließend wurden sie mithilfe eines entzündeten Strohbündels abgesengt. Danach wurde das Schwein zerteilt, wobei jedes Stück eine nützliche Verwendung fand: Kopf und Füße wurden zu einer Terrine, zu Braten und Würsten verarbeitet. Schinken und Schulterstücke wurden gepökelt wie der Speck, die Hachsen und die Brust. Kein Stück blieb unverarbeitet, denn man aß nicht jeden Tag Fleisch!", betont Louis-Bernard Puech, Vizepräsident des Gastronomenverbandes Toques d'Auvergne und Erbe dieser Tradition.

Die Potée ist also ein geselliges Gericht, das mit Stücken aus dem Pökelfass und Gemüse aus dem Gemüsegarten zubereitet wurde. Aus diesem Kessel entnahm man eine komplette Mahlzeit: Die Bouillon, in die man Brot vom Vortag tunkte, war die Vorspeise, anschließend spülte man den Teller mit einem Glas Rotwein. Fleisch und Gemüse bildeten das nahrhafte Hauptgericht.

Eintopf aus der Auvergne

ZUTATEN: ½ SCHWEINSKOPF · 500 G GEPÖKELTER SCHWEINE-BAUCH · EINE GEPÖKELTE SCHWEINESCHULTER · 1 KOCHWURST · 6 KAROTTEN · 4 KARTOFFELN · 4 RÜBEN · 4 STANGEN LAUCH · 1 KLEINER GRÜNKOHL · 1 ZWIEBEL, MIT GEWÜRZNELKEN GESPICKT · 2 KNOBLAUCHZEHEN · 1 KRÄUTERSTRÄUSSCHEN · PFEFFERKÖRNER

Schweinskopf, Bauch und Schulter in kochendem Wasser 10 Minuten blanchieren, herausnehmen und abtropfen lassen. Das Fleisch anschließend in eine große Menge kaltes Wasser legen und zum Köcheln bringen. Sorgfältig den Schaum abschöpfen. Die Zwiebel und den geschälten Knoblauch, das Kräutersträußchen und die Pfefferkörner zufügen. Zugedeckt 2 Stunden leicht köcheln lassen.

Das Gemüse vorbereiten: Kartoffeln, Rüben und Karotten schälen und in große Stücke schneiden. Den Kohl vierteln und blanchieren. Die Lauchstangen säubern und zusammenbinden. Die Kartoffeln beiseitestellen, das andere Gemüse zum Fleisch in den Topf geben. Bei kleiner Hitze köcheln lassen. Nach 1 ½ Stunden die mit einer Gabel eingestochene Wurst und die Kartoffeln zufügen. Weitere 30 Minuten köcheln lassen.

ZUSÄTZLICHER TIPP: RESTE DER POTÉE SCHMECKEN ZUSAMMEN MIT EINIGEN GEWÜRZEN AM NÄCHSTEN TAG AUCH KALT SEHR GUT.

Zwiebelsuppe

Rezept von Madame Hugon, vom Bouchon (Gasthaus) Chez Hugon in Lyon

ZUTATEN FÜR 4 PERSONEN: 600 G ZWIEBELN · 80 G BUTTER · 30 G MEHL · 1,5 L BOUILLON · 200 G KÄSE, GERIEBEN · 1 GLAS WEISSWEIN · 1 GLAS PORTWEIN · ½ GLAS COGNAC · 1 EIGELB · 500 G ALTBACKENES BROT · SALZ UND PFEFFER

Beginnen Sie die Zubereitung wie bei einer Zwiebelsuppe. Die Zwiebeln schälen, in dünne Scheiben schneiden und in der Butter andünsten. Gut beaufsichtigt leicht bräunen lassen. Nun mit Mehl bestäuben und mit der Bouillon aufgießen. Salzen, pfeffern, Cognac und Weißwein zufügen und köcheln und eindicken lassen. Inzwischen das altbackene Brot in Würfel schneiden. Die Suppe in eine ofenfeste Suppenterrine umfüllen, dabei die Brotwürfel und den geriebenen Käse dazwischen schichten und eventuell einige Butterflöckchen zufügen. Unter dem Backofengrill überbacken. Aus dem Ofen nehmen. Das Eigelb im Portwein verschlagen. In die Suppe gießen und vor dem Servieren umrühren.

DER KNIFF DABEI: BEREITEN SIE DEN FOND DIESER SUPPE MIT EINEM REST BOUILLON EINES POT-AU-FEU ZU, DANN WIRD SIE BESONDERS SCHMACKHAFT!

Gratinée lyonnaise

Stammt diese rustikale und einfache Zwiebelsuppe, die mit altbackenem Brot, geriebenem Käse und Cognac zu dieser berühmten „Gratinée" angereichert wurde, die in den Bouchons und Brasserien so beliebt ist, tatsächlich aus Lyon? Niemand weiß es wirklich!

La Cuisine

Tatsächlich findet man sie auch in zahlreichen Pariser Lokalen, insbesondere hat sie eine exponierte Stellung in der kulinarischen Geschichte der Pariser Markthallen, wo sie am frühen Morgen angeboten wurde, um die Händler und Kunden ebenso zu stärken wie die ausgehungerten und benebelten Nachtschwärmer, die hier strandeten, um von der nächtlichen Öffnung der Restaurants für die Arbeiter zu profitieren.

Die Gratinée, die angeblich „die Verdauung fördert", wird in Lyon eher abends, beispielsweise als sonntägliches Abendessen genossen.

Biscuit de Reims

Der berühmte Biscuit de Reims, der allein schon wegen seiner rosafarbenen, pudrigen Erscheinung köstlich ist und unweigerlich mit dem Champagner verbunden ist, hatte nicht immer diese hübsche Farbe. Ende des 17. Jahrhunderts kamen Bäcker in der Champagne auf die Idee, bereits gebackene Galettes trocknen zu lassen und hierzu die Restwärme nach dem Brotbacken zu nutzen. So tauchte der „Biskuit" auf, was soviel wie „zweimal gebacken" bedeutet. Durch dieses Verfahren trocken und fest geworden, ist der Kuchen aus Reims lange haltbar und weist eine weitere Besonderheit auf: Er kann mit einer Flüssigkeit getränkt werden, ohne zu zerfallen.

Der berühmte Biskuit wurde anschließend aus reiner Eitelkeit rosa …, denn die kleinen Vanillekörnchen, mit denen man ihn aromatisieren wollte, verdarben das reine Weiß des Teiges. Um diesen kleinen Schönheitsfehler zu überdecken, kam man auf die Idee, ihn rosa zu färben.

Der Kuchen, den der Legende nach die französischen Könige schätzten, die diese Leckerei in Reims am Abend vor ihrer Krönung zu sich nahmen, um sich eine ruhige und erholsame Nacht zu sichern, wurde auch von Schriftstellern gewürdigt. Victor Hugo beispielsweise schrieb 1825 einen Brief an seine Frau, worin er ihr *„die guten Biscuits de Reims"* empfahl, *„die ihrer Milch mehr Süße verleihen würden"*. 1930 beschrieb Colette ihrerseits *„die wuchtigen Biscuits, die von einer zarten Schicht in Dreierreihen verbunden wurden und hart wie Stein schienen, in Kontakt mit Wein jedoch butterweich wurden"*.

Nachdem zahlreiche Herstellungsfirmen verschwunden sind, wird heute die authentische Erhaltung dieses rosa Biskuits, der in längliche Kuchenformen gegossen und anschließend mit einem Hauch Puderzucker überzogen wird, von der Maison Fossier gewährleistet.

Feinschmecker knabbern diesen Biskuit auch weiterhin, vor allem tauchen sie ihn in Milch, in Kaffee, Schokolade, Tee oder gar einen Champagnerkelch, was zur Folge hat, dass die kleinen Bläschen verrückt spielen!

Tiramisu aus rosa Himbeer-Biskuits

Rezept der Maison Fossier

ZUTATEN FÜR 6 PERSONEN: 30 ROSA BISCUITS DE REIMS
· 5 EIER · 50 G PUDERZUCKER · 500 G MASCARPONE
· 200 ML HIMBEERSAFT · 200 G HIMBEEREN

Die Eier trennen. Die Eiweiße zu steifem Eischnee schlagen. Die Eigelbe mit dem Puderzucker verschlagen, bis die Masse weißlich und schaumig wird. Den Mascarpone zufügen und einige Minuten weiterschlagen. Den Eischnee vorsichtig unterheben.
Die rosa Biskuits in Himbeersaft tränken. Einen Teller mit Biskuits auslegen. Mit einem Drittel der Mascarponecreme und einer Schicht Himbeeren bedecken. Zweimal wiederholen und mit dem letzten Drittel der Mascarponecreme enden. 2 Stunden im Kühlschrank ruhen lassen. Kurz vor dem Servieren das Tiramisu mit einigen Himbeeren dekorieren und mit zerbröselten rosa Biskuits bestreuen.

DER KNIFF DABEI: UM DIE STRAHLENDEN FARBEN GUT ZUR GELTUNG ZU BRINGEN, IN GLÄSERN SERVIEREN.

GUT ZU WISSEN: ALS FARBSTOFF FÜR DIE HERSTELLUNG DER ROSA BISKUITS DIENT DAS SCHARLACHROTE KARMESIN, DAS AUS EINEM INSEKT, DER SCHILDLAUS, GEWONNEN WIRD.

Les sardines farcies

„Traditionell hat man begonnen, Bachforellen mit Brocciu-Käse zu füllen, denn die Korsen sind eher Bergmenschen als Meeranrainer", betont Ange Cananzi, Chef des Restaurants *Pasquale Paoli* in l'Île-Rousse. „Mit Ausnahme der Bewohner einiger Fischerdörfer, sind wir daher hauptsächlich Fleischesser. In den Bergen angelte man Aale und Forellen bevor auch dort Meeresfisch verfügbar war."

Insbesondere das Cortenais ist sehr bekannt für seine Frischwasserforellen, und dieses traditionelle Rezept zählte zu denen, die man während der Saison am Tisch der dortigen Einwohner kosten konnte, zubereitet mit lokalen Produkten: frisch im Fluss geangeltem Fisch, Brocciu von einem befreundeten Hirten und zarten Kräutern, die man am Morgen gepflückt hatte.

In jüngerer Zeit, in den 1980er Jahren, als die Korsen ebenfalls die Meeresfrüchte schätzen lernten, wurde das Rezept verändert und mit neuen Kombinationen ausprobiert, denn letztlich passt der frische Brocciu zu Salzwasserfisch ebenso gut wie zu Süßwasserfisch!

GUT ZU WISSEN: DER BROCCIU WIRD AUS ZIEGEN- ODER SCHAFMILCH HERGESTELLT. MAN BEKOMMT IHN VON ENDE JANUAR BIS ZUM BEGINN DES SOMMERS.

Sardinen, gefüllt mit Brocciu und Kräutern

Rezept von Ange Cananzi, Chef des Restaurants Pasquale Paoli in l'Île-Rousse

ZUTATEN FÜR 4 PERSONEN: 8 SCHÖNE FRISCHE SARDINEN, VOM FISCHHÄNDLER FILETIERT · 500 G ZIEGEN-BROCCIU · FRISCHE KRÄUTER JE NACH ANGEBOT (FRISCHE MINZE, WILDER MANGOLD, LÖWENZAHN, RAUKE, BORRETSCH) · 2 EIER · 100 G WEISSMEHL · KORSISCHES OLIVENÖL · SALZ UND PFEFFER · TOMATENSAUCE, AM VORTAG FRISCH ZUBEREITET

In einer Edelstahl-Rührschüssel den Brocciu und die ganzen Eier mischen. Beiseitestellen. Alle Wildkräuter sorgfältig waschen, trocknen und fein schneiden.

In einem Schmortopf einige EL Öl erhitzen. Die Kräuter zugeben und bei schwacher Hitze nur halb auf der Feuerstelle einkochen lassen. Kontrollieren, ob sie gar sind und rasch abkühlen.

Das Kräutermus zu der Käse-Eiermischung geben. Salz, Pfeffer und Mehl zufügen. In einen Spritzbeutel umfüllen und beiseitestellen.

Die Sardinen in der Mitte aufklappen, ohne die Rückenfilets zu durchtrennen. Jede Sardine mit dem Spritzbeutel füllen, dann zusammen mit der Tomatensauce in eine ofenfeste Form legen. Bei 180 °C 20-25 Minuten backen.

Cassoulet

 Der Legende nach ist das erste Cassoulet während des Hundertjährigen Krieges in Castelnaudary zubereitet worden, als die Stadt von der englischen Armee belagert wurde. Man hätte die letzten noch verfügbaren Lebensmittel in einem Topf gekocht, um die Soldaten zu ernähren, die so die nötige Kraft bekommen hätten, um den Feind zurückzuschlagen!

GUT ZU WISSEN: DIE TRADITION VERLANGT, DIE BRAUNE KRUSTE, DIE SICH BEIM GAREN AUF DEM CASSOULET BILDET, SIEBEN MAL AUFZUBRECHEN.

Wahrscheinlicher ist das Cassoulet jedoch eine Variante des bereits im 14. Jahrhundert in der Rezeptsammlung *Viandier de Taillevent* erwähnten „héricot". Es hatte damals die Form eines rustikalen Ragouts aus Schaffleisch und weißen Bohnen, bei dem auch Reste verwertet werden konnten. Ende des 14. Jahrhunderts köchelte man dieses Ragout in einer „cassole", die ein italienischer Töpfer namens Jean Gabalda im benachbarten Issel kreiert hatte. Aus seiner Heimat, dem Piemont, hatte er diese Töpferware mit der speziellen Form einer Schale mit weitem Rand mitgebracht, die wegen ihrer Robustheit und der guten Hitzeverteilung sehr geschätzt wurde.

Anfang des 16. Jahrhunderts wurden die weißen Bohnen durch Nierenbohnen (Kidneybohnen) ersetzt, eine aus Südamerika von der Mannschaft Christoph Kolumbus' eingeführte Sorte, deren Anbau sich im Südwesten unter dem Einfluss von Katharina von Medici, Gräfin des Lauragais, entwickelte.

Und während man versichert, die Keramik aus Issel verleihe der Speise ihr besonderes Aroma, gab die „cassole" dem Cassoulet im 17. Jahrhundert schließlich seinen offiziellen Namen.

Bohneneintopf

ZUTATEN FÜR 6 PERSONEN: 1 KG KIDNEYBOHNEN · 6 IM EIGENEN FETT EINGELEGTE ENTENSCHLEGEL · 500 G SCHWEINEBAUCH · 200 G SPECKSCHWARTE · 600 G SAUCISSE DE TOULOUSE (EINE BRATWURST AUS SCHWEINEFLEISCH) · 4 KAROTTEN · EINIGE THYMIAN- UND LORBEERBLÄTTER · 1 ZWIEBEL, MIT GEWÜRZNELKEN GESPICKT · 5 SCHALOTTEN · 1 KNOBLAUCHKNOLLE · PFEFFER · ETWAS PETERSILIE ZUM GARNIEREN

Am Vortag die weißen Nierenbohnen mindestens 6 Stunden in kaltem Wasser einweichen.

Am Tag selber die Bohnen in einen großen Schmortopf geben, mit kaltem Wasser bedecken und 5 Minuten kochend blanchieren. Das Wasser abgießen. Die Bohnen anschließend in reichlich lauwarmem Wasser wieder aufkochen, das mit dem in Scheiben geschnittenen Speck, Thymian und Lorbeer und der gespickten Zwiebel aromatisiert wird. 30 Minuten köcheln lassen, dann die in Würfel geschnittenen Karotten und Schalotten zugeben. 1 Stunde kochen lassen. Die Bohnen sollen weich sein, jedoch nicht zerfallen.

Inzwischen aus den eingelegten Entenschlegeln in einem großen Schmortopf das Fett auslassen. Die Schlegel herausnehmen und stattdessen den in kleine Würfel geschnittenen Schweinebauch und die Saucisse de Toulouse mit gehacktem Knoblauch in das Fett legen. Eine Knoblauchzehe zurückbehalten. Anbräunen lassen. Die Cassole - oder eine ziemlich tiefe Gratinform - mit der zurückbehaltenen Knoblauchzehe ausreiben. Auf dem Boden der Form die Hälfte der Bohnen mit ihrem Saft verteilen. Darüber die Entenschlegel und die Schweinebauchwürfel legen. Mit der zweiten Hälfte Bohnen bedecken. Schließlich die Saucisse de Toulouse auf die Bohnen legen und etwas in die Bohnen drücken. Zum Schluss den Bratensaft des Fleisches darüber verteilen, der sich auf dem Boden des Schmortopfes gesammelt hat, und alles pfeffern.

3 Stunden bei 180 °C im Backofen backen und daran denken, regelmäßig die Kruste aufzubrechen, die sich auf der Oberfläche bildet, dabei eventuell noch einige Kellen Bouillon zufügen, falls die Bohnen zu trocken werden. Mit der gehackten Petersilie bestreuen und sofort in der Backform servieren.

Pounti

Was kann man mit Resten einer Potée zubereiten? Einen Pounti, fürwahr!

Dieses einfache, aber schmackhafte Gericht zeigt die ganze Findigkeit und Kunst der Resteverwertung der Köchinnen aus der Auvergne, die von der berühmten Figur der „Margaridou" verkörpert werden. Man brauchte nur ein paar Fleischreste, ein Stück Speck aus dem Pökelfass, frisch gesammelte Kräuter und trockenes, eingeweichtes Brot, um alles miteinander zu verbinden. Alle Zutaten wurden gehackt und mit einigen verquirlten Eiern gemischt. Wer etwas wohlhabender war, fügte noch einige Dörrpflaumen hinzu.

Der Pounti wurde traditionell in einem mit Schweineschmalz ausgeriebenen gusseisernen Schmortopf gekocht, in einigen Häusern gab es einen Topf ausschließlich für den Pounti!

☞ Nach dem Backen wird der Pounti aus dem Topf genommen und wie ein Kuchen in Stücke geschnitten. Man kann ihn auf dreierlei Arten genießen: Heiß, direkt nachdem er aus dem Ofen kommt, kalt oder wieder in der Pfanne aufgewärmt.

Pounti-Auflauf

ZUTATEN FÜR EINEN GROSSEN POUNTI: 250 G MEHL · 10 EIER · 500 ML MILCH · 500 G MANGOLDBLÄTTER · 200 G GEPÖKELTER SPECK · 150 G SCHINKEN · 12 DÖRRPFLAUMEN · 1 ZWIEBEL · 1 KLEINER BUND GLATTE PETERSILIE · SALZ UND PFEFFER · ETWAS SCHWEINESCHMALZ FÜR DIE FORM

Den Speck blanchieren, hierzu 5 Minuten in einen großen Topf mit kochendem Wasser legen. Abtropfen lassen. Anschließend die Mangoldblätter 2 Minuten blanchieren. Sorgfältig abtropfen lassen, hierzu die Blätter ausdrücken. Mangold, Zwiebeln, Petersilie, Speck und Schinken klein hacken und sorgfältig mischen. Das Mehl in eine Schüssel sieben, die Eier zufügen, die Milch unter kräftigem Rühren nach und nach unterrühren. Die Gemüsemischung und die Dörrpflaumen zugeben, diese zuvor eventuell in lauwarmem Wasser einweichen, wenn sie zu trocken sind. Salzen und pfeffern. Die Masse in eine sorgfältig gefettete Form füllen und 1 Stunde bei 160 °C backen. Der Pounti ist fertig, wenn er Farbe angenommen hat, und sich rundherum eine Kruste bildet.
Zum Servieren aus der Form nehmen und in Stücke schneiden.

ZUSÄTZLICHER TIPP: DEN POUNTI IN GLEICHMÄSSIGE WÜRFEL SCHNEIDEN UND ALS APPETITHÄPPCHEN („AMUSE-BOUCHES") AUF KLEINEN SPIESSEN SERVIEREN.

Jambon persillé

*I*m Burgund konnte auf dem Land jede Familie von November bis Februar frisches Schweinefleisch essen, dafür sorgte der Brauch des „présent de cochon" („geschenktes Schwein"), der allgemein befolgt wurde, sobald auf den verschiedenen landwirtschaftlichen Anwesen geschlachtet wurde. Stücke, die nicht sofort verschenkt oder verzehrt wurden, pökelte man. Zu Ostern holten die burgundischen Köchinnen einen Schinken aus dem Pökelfass und kochten ihn mit Weißwein und einem Kalbsfuß, der für die Sülze sorgte. Mit Petersilie und Knoblauch gewürzt, wurde er, zusammen mit den traditionellen Produkten Lamm und Schnecken, zu Ostern als Symbol für das Ende der Fastenzeit gegessen.

*L*ange blieb der Jambon persillé eine Randerscheinung und war relativ unbekannt, da man ihn nur auf den Bauernhöfen zubereitete. Bei den Metzgern finden sich erste Hinweise Anfang des 20. Jahrhunderts in Nolay, Arnay-le-Duc, Beaune und später Nuits-Saint-Georges, diese Schinkensülze blieb jedoch typisch für Ostern.

Kurz nach dem Zweiten Weltkrieg adelten ihn die angesehenen Metzger aus Dijon, als sie ihn in ihren Auslagen anboten, vor allem jedoch, als sie unter der Schirmherrschaft der Confrérie des chevaliers de Saint-Antoine den Wettbewerb des „besten handwerklich zubereiteten Jambon persillé des Burgund" ausschrieben.

Schinkensülze

ZUTATEN: 2 KG SCHWEINESCHULTER · 1 KALBSFUSS · 1 KRÄUTERSTRÄUSSCHEN · 1 ZWIEBEL, MIT GEWÜRZNELKEN GESPICKT · 1 BUND ESTRAGON · 1 BUND GLATTE PETERSILIE · 2 KNOBLAUCHZEHEN · 2 EL ROTWEINESSIG · 2 FLASCHEN WEISSWEIN · PFEFFERKÖRNER

Den Kalbsfuß beim Metzger spalten lassen. Den Kalbsfuß und die Schweineschulter blanchieren, dann abtropfen lassen. Anschließend bei milder Hitze in einem großen Topf, begossen mit Weißwein, kochen, bei Bedarf mit Wasser auffüllen. In diesen Sud die grob gemahlenen Pfefferkörner, die Zwiebel, das Kräutersträußchen sowie den gehackten Estragon geben. Nach 2 Stunden prüfen, ob das Fleisch gar ist. Es soll sich gut vom Knochen lösen.

Nun das Fleisch und den Kalbsfuß aus dem Topf nehmen. Den Sud filtern, Weinessig zugeben und auf zwei Drittel reduzieren lassen. Inzwischen den Schinken zerkleinern. Den Boden einer Schüssel mit einer ersten Schicht Schinken auslegen, darüber kommt eine Schicht gehackte Petersilie mit Knoblauch. Immer abwechselnd Fleisch und Petersilie einschichten. Zum Schluss den Sud darübergießen. Abdecken und mindestens eine Nacht zugedeckt im Kühlschrank gelieren lassen. Vor dem Servieren aus der Form nehmen und in Scheiben schneiden.

GUT ZU WISSEN: DAMIT DIE IN SCHEIBEN GESCHNITTENE SCHINKENSÜLZE BESONDERS GUT AUSSIEHT UND SCHMECKT, ACHTEN PROFIS BEI DER ZUBEREITUNG DARAUF, DIE FLEISCHSTÜCKE IN EINER RICHTUNG EINZUSCHICHTEN.

L'agneau de Pâques

Während das Zicklein auf Korsika schon immer typisch für Weihnachten war, kommt das Milchlamm traditionell auf dem österlichen Festtagstisch zu Ehren, wie es das lokale Sprichwort besagt: „Caprettu natale, agnellu pasquale", was soviel heißt wie „das Zicklein zu Weihnachten, das Lamm an Ostern".

Meist wird das Lamm ganz einfach zubereitet. Es wird im Ganzen mit wildem Thymian (Quendel), Knoblauch und Kräutern gebraten. Früher garte man es im Brotofen der Gemeinde neben den traditionellen Galettes mit frischem Schafskäse, Zucker, Schnaps und Eiern, die auf Kastanienblättern gebacken wurden.

Es kann auch eingelegt serviert werden, wenn es „à l'istrettu" gegart wird, d. h. „wenn es gedämpft" wird. Es köchelt dann wie ein Ragout in einer stark reduzierten Sauce aus Tomatenmark, Knoblauch, Zwiebeln und wildem Thymian. Diese Version unterstützt Chefkoch Ange Cananzi aus l'Île-Rousse, der sich intensiv für die Verteidigung einer authentischen korsischen Küche mit regionalen Produkten einsetzt.

ZUSÄTZLICHER TIPP: SERVIEREN SIE DAS FLEISCH EINGELEGT IN SEINER SAUCE MIT PULENDA, EINEM KORSISCHEN „BROT", DAS WIE EIN FESTES PÜREE AUS KASTANIENMEHL ZUBEREITET UND WARM GEGESSEN WIRD, NACHDEM MAN ES MIT EINEM FADEN IN SCHEIBEN GESCHNITTEN HAT.

Korsisches Osterlamm

Rezept von Ange Cananzi, Chefkoch des Pasquale Paoli in L'île-Rousse

ZUTATEN FÜR 6 PERSONEN: 1 MILCHLAMM VON 5-6 KG · 6 ZEHEN ROSA KNOBLAUCH DE LAUTREC · 2 GELBE ZWIEBELN · 2 EL TOMATENMARK · 1 EL WEISSMEHL · ½ FLASCHE ROTWEIN AUS DER BALAGNE · EINIGE STÄNGEL PETERSILIE UND WILDER THYMIAN (QUENDEL) · SALZ UND PFEFFER

Das Lamm zerteilen, dabei darauf achten, dass die Knochen intakt bleiben. Beiseitestellen. Die gelben Zwiebeln und den rosa Knoblauch häuten. Die Zwiebeln in dünne Scheiben schneiden, den Knoblauch und die Petersilie fein hacken. Tomatenmark und Rotwein in einer Aluminiumschüssel mit dem Schneebesen verrühren.
Die Lammfleischstücke in einem Schmortopf anbraten, dann herausnehmen. Nun die Zwiebeln, den Knoblauch und die Petersilie anbraten. In einem passenden Topf das Fleisch und die Mischung aus Zwiebeln, Knoblauch und Petersilie, den wilden Thymian und das Mehl vermischen, dann mit Rotwein und dem Tomatenmark auffüllen. Die Höhe der Flüssigkeit kontrollieren: Die Fleischstücke sollen gerade bedeckt sein.
Bei schwacher Hitze 1 ½ - 2 Stunden kochen. Abschmecken und prüfen, ob das Fleisch gar ist. Mit beliebiger Beilage servieren, zum Beispiel Kartoffelpüree, Nudeln oder Gnocchi.

Sauerkraut

ZUTATEN FÜR 6 PERSONEN: 1 KG SAUERKRAUT · 6 SCHÖNE KARTOFFELN · 8 STRASSBURGER WÜRSTCHEN (ALTERNATIV FRANKFURTER) · 1 SAUCISSE DE MORTEAU · 500 G RÄUCHERSPECK · 500 G GEPÖKELTES VORDERRIPPENSTÜCK · 500 G GERÄUCHERTE SCHWEINESCHULTER · 2 L TROCKENER WEISSWEIN · 2 ZWIEBELN · WACHOLDERBEEREN · PFEFFER · 1 EL GÄNSEFETT

In einem großen Schmortopf die in Scheiben geschnittenen Zwiebeln in einem guten Löffel Gänsefett anschwitzen und glasig dünsten.
Das Sauerkraut sorgfältig spülen, dabei mehrfach das Wasser wechseln. Abtropfen lassen und in den Schmortopf geben. Pfeffern, eine kleine Handvoll Wacholderbeeren zugeben und mit 1,5 l Weißwein aufgießen. Auf das Sauerkraut die Schweineschulter, den Räucherschinken und das Vorderrippenstück legen. Zugedeckt köcheln lassen, dabei regelmäßig den Deckel abheben und kontrollieren, dass das Sauerkraut nicht anbrennt.
Nach 3 Stunden die beiden Wurstsorten und den restlichen Wein zugeben und eine weitere Stunde kochen lassen. Gleichzeitig die Kartoffeln schälen und im Dampf garen, alles zusammen servieren.

DER KNIFF DABEI: DIE STRASSBURGER WÜRSTE VOR DEM GAREN MIT DER GABEL EINSTECHEN, DAMIT SIE NICHT PLATZEN.

Choucroute

 einerzeit verwahrten die Familien im Elsass gehobeltes Weißkraut in Holzfässern und stellten so ihr eigenes Sauerkraut her. Die Gärung, hervorgerufen durch die Zugabe von Salz, sorgte für seine monatelange Haltbarkeit und genau diese Eigenschaft begründete seinen Ruf und seine weite Verbreitung.

Ursprünglich soll dieses Aushängeschild der elsässischen Gastronomie eine sehr lange Reise hinter sich gebracht haben ... von China aus! Attila und seine Hunnen sollen diese Zubereitungsart entdeckt haben, als sie die Chinesische Mauer erreichten, wo eine Art Kohl, der auf diese Weise fermentierte, für die Ernährung der Arbeiter und Garnisonen sorgte. Sie sollen diesen Kohl im 5. Jahrhundert in den Westen mitgebracht haben.

Anfangs bezeichnete Choucroute nur das Verfahren zur Herstellung und Konservierung des Kohls durch Salzlake. Seit dem 16. Jahrhundert wird Sauerkraut auf dem Speiseplan verschiedener Klöster bescheinigt, im 17. Jahrhundert folgte die „Industrialisierung" mit ersten Manufakturen, in denen Krautfässer hergestellt wurden, zuerst in Deutschland, dann in Frankreich (Straßburg). Ende des 18. Jahrhunderts nährte auch Kapitän James Cook den Mythos des Choucroute, indem er ihm teilweise den Erfolg seiner Expeditionen zuschrieb, da die Verbesserung der täglichen Nahrung der Mannschaften mit dem fermentierten Kohl seiner Meinung nach dafür gesorgt hatte, Mangelerscheinungen und Krankheiten an Bord zu vermeiden. In dieser Zeit entstanden in zahlreichen Häfen die „Sauerkraut-Magazine", wo sich die Expeditionskommandanten vor der Abreise versorgten.

Erst im 19. Jahrhundert wurde Choucroute das Gericht aus gekochtem Kraut mit der üppigen Beilage lokaler Fleisch- und Wurstwaren, wie man es heute kennt. Ende der 1960er Jahre wurde die Tradition von der Straßburger Firma Kammerzell revolutioniert, als deren Leiter Guy-Pierre Baumann eine Variante anbot, die damals für einen Skandal sorgte: Choucroute mit drei Fischsorten, inzwischen berühmt und fast schon ein Klassiker!

Pissaladière

Der berühmte Zwiebel-Olivenkuchen hat es im kulinarischen Pantheon Nizzas an die Spitze geschafft. Weniger bekannt ist jedoch, dass er seinen Namen einer unverzichtbaren und unvergleichlichen Zutat verdankt, nämlich der Pissala, einer Gewürzsauce aus Sardellen.

In Anlehnung an die „Ölpumpen" (pompes à huile), die es im 18. Jahrhundert in der Provence gab – Brotstücke mit einer Aussparung für in Öl getunkte Anchovisfilets –, wurde die heutige Pissaladière, die Ende des 19. Jahrhunderts auftauchte, anfangs „Pissala-Tarte" genannt. Der Brotteig wurde mit diesem in der Region von Nizza und Antibes handwerklich hergestellten Würzmittel bestrichen, einem Püree aus Fisch in Salzlake, gewürzt mit Nelke, Thymian, Lorbeer und Pfeffer. In Anlehnung an Garum, die Fischsauce, die im Altertum Höchstpreise erzielte, bedeutet die Bezeichnung gesalzener Fisch oder im Dialekt Nizzas „peis sala".

Ursprünglich wurde Pissala aus Sardinen- und Anchovissetzlingen zubereitet, für deren Fang nur die Fischer aus Antibes, Cros-de-Cagnes, Nizza und Menton für eine Periode von wenigen Wochen eine Ausnahmegenehmigung bekamen. Diese Setzlinge, die mit Meerwasser gewaschen wurden, schichtete man mit Salz zum Marinieren in große Tonkrüge. Die so entstandene Fischpaste wurde gesiebt und in kleinen Glasbehältern unter einer Schicht Olivenöl konserviert. Heute bekommt man auch Pissala aus gepökelten Anchovis. Dieses Fisch-Püree, das für die Zubereitung von „pans bagnats" verwendet wird, begleitet auch Nudeln oder Gemüse.

48. NICE. — Le Port

Zwiebelkuchen

Rezept der Confrérie des Chevaliers du pissala

ZUTATEN FÜR 1 PISSALADIÈRE, FÜR DIE ZWIEBELMISCHUNG: 100 ML OLIVENÖL · 1 EL FRISCHER KNOBLAUCH, GEHACKT · 600 G GELBE ZWIEBELN, IN GROBE STÜCKE GESCHNITTEN · 90 ML PISSALA AUS ANTIBES · 30 G OLIVEN AUS NIZZA · KRÄUTER DER PROVENCE · PFEFFER
FÜR DEN TEIG: 300 G MEHL TYP 55 (FRANZÖSISCHE TYPISIERUNG, ENTSPRICHT ETWA TYP 550 IN DEUTSCHLAND) · 6 G FEINES SALZ · 6 G TROCKENBACKHEFE · 150 ML LAUWARMES WASSER · ETWAS ÖL FÜR DIE BACKFORM

In einer großen Schüssel Mehl und Salz mischen und in die Mitte eine Mulde drücken. Die Hefe in lauwarmem Wasser auflösen und unter das Mehl mischen. Eine Teigkugel formen, mit einem feuchten Küchentuch zudecken und 2 Stunden an einem warmen Ort gehen lassen.
In einem Schmortopf den Knoblauch in Olivenöl leicht anbräunen, die Zwiebeln zugeben und bei mittlerer Hitze glasig werden lassen. Mit Kräutern der Provence und Pfeffer würzen. 30 ml Pissala zugeben, 1 Minute rühren, dann den Topf vom Herd nehmen und die Zwiebelmischung etwas abkühlen lassen. Den Teig durchkneten, 10 Minuten ruhen lassen, anschließend in der großzügig mit Olivenöl gefetteten Form ausrollen. Mit einer Gabel gleichmäßig einstechen. Die zerlassenen

Zwiebeln gleichmäßig auf dem Teig verteilen. 30 ml Pissala über der Zwiebelmischung verteilen, anschließend die Oliven verteilen. Das Ganze vor dem Backen 15 Minuten an einem warmen Ort gehen lassen.
Die Form für 20 Minuten in den auf 200 °C vorgeheizten Ofen schieben. 5 Minuten nach dem Herausnehmen aus dem Ofen erneut 30 ml Pissala auf der Oberfläche verteilen. Lauwarm oder kalt servieren.

DER KNIFF DABEI: BEVOR MAN DIE PISSALADIÈRE IN DEN OFEN SCHIEBT, 15 MINUTEN WARTEN, DAMIT SIE GEHT UND DABEI DAS OLIVENÖL AUS DER FORM UND DEN SAFT DER ZWIEBELMISCHUNG AUFSAUGT.

Tipps und Tricks, die den Küchenalltag erleichtern

- Zwiebeln lassen sich gut aufbewahren, ohne zu schnell zu keimen, wenn man ihre Wurzel kurz über eine Flamme hält.

- Eine Zitronenscheibe mildert den bitteren Geschmack von Chicorée

- Eier halten länger, wenn man sie mit der Spitze nach unten aufbewahrt. Um zu testen, ob ein Ei frisch ist, taucht man es in ein Glas Salzwasser. Wenn das Ei oben schwimmt, ist es nicht mehr zum Verzehr geeignet.

- Spiegeleier gleiten leichter aus der Pfanne auf den Teller, wenn man ein paar Tropfen Essig in die Pfanne träufelt.

- Damit Blumenkohl beim Kochen nicht stark riecht, gibt man ins Kochwasser einen mit Gewürznelken gespickten Brotwürfel oder etwas Milch.

- Avocados am besten zu Hause nachreifen lassen, um nicht jedes zweite Mal eine Frucht zu erwischen, die innen schwarz ist. Besser eine noch harte Avocado nehmen, diese in Zeitungspapier wickeln und bei Zimmertemperatur reifen lassen. Von Zeit zu Zeit vorsichtig betasten, ob sie schon reif ist.

- Hat man einmal vergessen, trockene Hülsenfrüchte über Nacht einzuweichen, kann man sie auch zweimal blanchieren, indem man sie mit jeweils frischem Wasser spült. Anschließend kochen und nicht vergessen, am Ende der Kochzeit zu salzen.

- Das sollte zur guten Gewohnheit werden: Fleisch immer 1 Stunde vor dem Kochen aus dem Kühlschrank nehmen, so wird es viel zarter.

- Fischfilets werden zarter, wenn man sie vor dem Bemehlen oder Zubereiten auf Müllerin-Art 1 Stunde in Milch mariniert und anschließend mit Küchenpapier trocken tupft.

- Legen Sie ein Zuckerstückchen in die Käsedose, dann trocknet Gruyère nicht mehr aus!

- Geben Sie einen Schuss Öl (durchaus auch aromatisiert, Nuss-, Sesam-, Mandelöl ...) in den Tarte-Teig, so wird er besonders knusprig.

- Eine kleine Kartoffel in der Keksdose sorgt dafür, dass Kekse länger knusprig bleiben. Sobald die Kartoffel anfängt, schrumpelig zu werden, austauschen.

- Muscheln lassen sich von jeglichem Sand befreien, indem man sie 1 Stunde in Wasser legt, dem ein Spritzer Weißweinessig und grobes Salz zugesetzt sind.

- Um etwas im Wasserbad zu garen, muss das Wasser in dem Behälter immer zuerst gut erhitzt werden, sonst stimmt die Kochzeit von Puddings oder Cremes nicht.

- Wurde eine englische Creme versehentlich zu lange gekocht, passiert man sie rasch durch ein Trichtersieb oder mixt sie einige Sekunden.

- Damit Eischnee luftig und steif wird, die Eier am Vortag trennen und in hermetisch verschlossenen Behältern aufbewahren. Am nächsten Tag dann das Eiweiß mit einer Prise Salz schlagen.

Tricks und Kniffe gegen allerlei Katastrophen

- Die Sauce ist noch nicht fertig gekocht, aber zu salzig: Rasch 2-3 rohe Kartoffelstücke unterrühren, die das überschüssige Salz aufsaugen.

- Für die Zubereitung von Mayonnaise sollen alle Zutaten Zimmertemperatur haben. Eine zu flüssige Mayonnaise wird dicklicher, wenn man einen Schuss kochenden Essig unter ständigem Schlagen zufügt. Ist sie hingegen zu dick, 1 EL Eiswasser zugeben und vorsichtig mit dem Schneebesen schlagen.

- Eine Senfsauce gelingt und wird nicht zu dick, wenn man den Topf beim Einrühren vom Herd nimmt.

- Gekochte Kartoffelwürfel für einen Kartoffelsalat bleiben fest, wenn man sie nach dem Abtropfen noch heiß mit einem Glas Weißwein übergießt und dann nach Geschmack mit Vinaigrette anrichtet.

Keine Panik, wenn einmal Material fehlt!

Haben Sie keinen Garnierring zur Verfügung, öffnen Sie eine Konservendose im gewünschten Durchmesser auf beiden Seiten, entfernen außen das Papier und waschen die Dose sorgfältig aus.

Fehlt Ihnen eine Savarin-Form, stellen Sie ein gutes altes Duralex-Glas in die Mitte der runden Kuchenform und füllen den Teig ein.

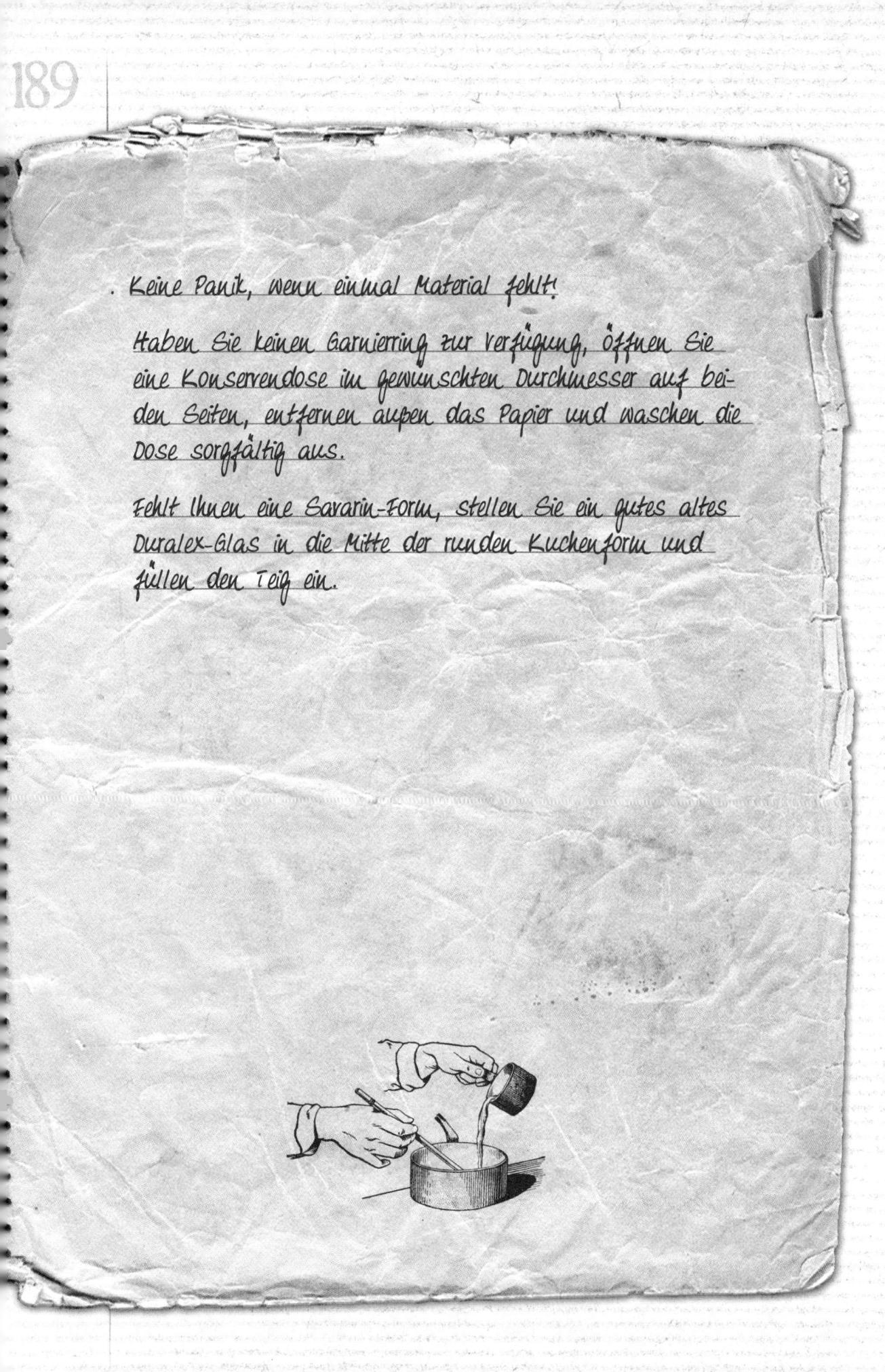

Der Autor und der Lektor bedanken sich herzlich bei all den Köchen, Produzenten, Fachleuten, Historikern, Verbandsmitgliedern und passionierten lokalen Persönlichkeiten, die mit ihrem Wissen und ihren Rezepten zu diesem Buch beigetragen haben:

Eric Abadie,
 L'Etape du Berger in La Mongie;

Michel Aubrée in Val-Saint-Père;

Nathalie Beauvais,
 Le Jardin gourmand in Lorient;

Céline Beauvois,
 La Maison de la Chicorée in Orchies;

Arlette Berger,
 Confrérie de la Quenelle sauce Nantua;

Pascal Berrotaran,
 La Nivelle in Saint-Pée sur Nivelle;

Jean-Pierre Billoux,
 Le Pré aux clercs in Dijon;

La maison Blanc in Vonnas;

La maison Bras in Laguiole;

Christian Buffa,
 Le Miramar in Marseille;

Ange Cananzi,
 Pasquale Paoli in l'Île-Rousse;

Le comité interprofessionnel
 de la Volaille de Bresse;

Jean-Paul Conrad,
 Confrérie des cardons de Vaulx-en-Velin;

Roger Cougot, L'Huître pédagogique
 in Mornac-sur-Seudre;

André Darraidou in Espelette;

Edith et Vincent Darritchon,
 La Maison du piment in Ustaritz;

Annie Decesare, Lou Mujou in Port de Bouc;

Eric Dequin,
 Auberge Labarthe in Bosdarros;

Jacques Deveaux, Confrérie des Chevaliers
 du pissala in Antibes;

Claude Fasciola in Martigues;

La maison Fossier in Reims;

Mathieu Fourreau,
 Le Cheval rouge in Sainte-Ménehould;

Olivier Garcia,
 Aux gâteaux corses in Calvi;

Gérard Gatinel, La Rapière in Sarlat;

Arlette Hugon, Chez Hugon in Lyon,

Daniel Jouen,
 Confrérie de la Tripière d'Or in Caen;

John Jussy, Confrérie du pied de cochon
 in la Sainte-Ménehould,

La maison Lacombe in Lyon,
 und Editions Glénat;

Alain Le Berre, Association des artisans
 fabriquant le kouign amann de Douarnenez,

Régine Lefort, Les Compagnons de la
 flamiche et du maroilles in Maroilles,

Henri Meunier, Les Alwati in La Loye;

Jean-François Mitanchey, Confrérie
 des chevaliers de Saint-Antoine in Dijon;

Thierry Moyne,
 La Balance mets et vins in Arbois;

La maison Mulot et Petitjean in Dijon;

Olivier Nasti, Le Chambard in Kaysersberg;

Pierre Neuville,
 Comme vous voulez in Dunkerque;

L'Ordre des Canardiers in Rouen;

Philippe Padieu in Pau;

Christian Parra in Briscous;

Denise et Maurice Perrin in Vaulx-en-Velin;

Robert Portal,
 Confrérie de la caillette de Chabeuil;

Françoise Proisy in Etroeungt;

Louis-Bernard Puech,
 Les Toques d'Auvergne;

Madame Ricoux in Arbois;

Bernard Robert,
 coopérative Jeune montagne in Laguiole;

Yvain Rollot,
 A la table du bon roi Stanislas in Nancy;

Elise Roux, Conservatoire de la cuisine
 et des traditions provençales en
 Luberon;

Sylvie Sabot, Boucherie Sabot in Caen,

Alain Scarella,
 Le Puits de Jeanne in Plouegat Moysan;

Gaëlle et Richard Sève, Pâtisserie Sève
 in Champagne-au-Mont-d'Or;

Gérard Taron, Moulin Taron in Chaussin;

Eliane Thibaut Comelade in Perpignan,
 und Editions Jacques Lanore;

Gilbert Turgis,
 Poterie Turgis in Noron-la-Poterie;

l'Union syndicale interprofessionnelle
 de défense du Brie de Meaux
 et du Brie de Melun;

Luc Vanpoperinghe,
 Le Palais des Gourmets in La Madeleine;

Thomas Wirth,
 Oncle Georges in Pfettisheim;

Jean-Pierre Xiradakis,
 La Tupina in Bordeaux.

HEEL Verlag GmbH
Gut Pottscheidt
53639 Königswinter
Tel.: 02223 9230-0
Fax: 02223 9230-13
E-Mail: info@heel-verlag.de
www.heel-verlag.de

© der deutschen Ausgabe: 2013 HEEL Verlag GmbH

© Oktober 2011:
Editions Stéphane Bachès (Frankreich)
Texte und Zeichnungen: Valérie Terrier Robert

Originaltitel: Il était une fois ... l'Histoire des nos plats
Original-ISBN 978-2-35752-116-2

Autor: Valérie Terrier Robert
Kalligraphie: Sylvie Perrin, Lyon

Bildnachweis:
Fotografie: Laurène Tournier
Styling: Marie Bel
Karten: La France et ses Colonies. Atlas illustré (1886)
Postkarten des frühen 20. Jahrhunderts

Deutsche Ausgabe:
Übersetzung aus dem Französischen: Christa Trautner-Suder für bookwise medienproduktion GmbH, München
Satz: Claudia Renierkens, renierkens kommunikations-design, Köln
Lektorat: Christine Birnbaum
Projektmanagement: Ulrike Reihn-Hamburger

Alle Rechte, auch die des Nachdrucks, der Wiedergabe in jeder Form und der Übersetzung in andere Sprachen, behält sich der Herausgeber vor. Es ist ohne schriftliche Genehmigung des Verlags nicht erlaubt, das Buch und Teile daraus auf fotomechanischem Weg zu vervielfältigen oder unter Verwendung elektronischer bzw. mechanischer Systeme zu speichern, systematisch auszuwerten oder zu verbreiten.

- Alle Rechte vorbehalten -

Printed in Italy

978-3-86852-683-7